U0111765

大展好書　好書大展
品嘗好書　冠群可期

宗教・術數①

西洋惡魔咒術

杜美芳 編譯

大展出版社有限公司

前言——何謂西洋惡魔咒術

遠自紀元前三千年美索不達米亞時代，其中經希臘、羅馬、中世紀時代一直到現在，西洋咒術始終潛藏在此長久的歷史中。為了求取自我的生存採取強硬的手段毀滅憎惡的對方，或是採用最有效的咒術咒死對方比比皆是。

其實說它是一種為求生存的「生存術」最貼切不過了。此種咒術其效果令人膽顫心驚，因此自古以來一直為歐洲各國所禁止。

今天之所以想把秘傳的「西洋惡魔咒術」公開，主要是希望在此惡德惡行充斥弱肉強食的現代社會中，一般善良的民眾能透過「咒術」達到求取自我生存及懲惡的效果。因而希望讀者善用此書。

目錄

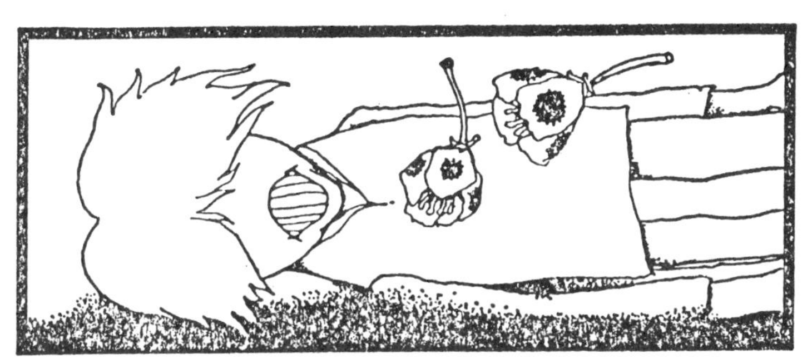

序章

恐怖的生存術「西洋咒術」

——具有五千年歷史的殺人咒法

♠主宰命運的現代生存術

一般人都希望能過著自由自在不受任何束縛的生活，當然最好能依照自我意願決定自己的生存方式。

為了達到上述的目標我們嚐試多方面的努力。這和學習事物的心態是一樣的，新的思想一公開我們就希望能儘快地吸收，兩者道理是相同的。

在某種程度上我們經由努力是可以求取到自我的實現以及自我的生存方式。然而光是努力是不夠的。例如，人與人之間的關係就是個很好的例子。自己再怎麼行得正仍會招致一些嫉妒的流言，另外也有人專門破壞別人的好事。

當然遇到這些不合理的事，任誰都會感到憤怒！然而再怎麼憤怒也於事無補，這是大家都常有的經驗。

對於「這實在是沒有辦法」，有這樣想法的宿命論者而言，「咒術」是不需要的。

然而對於在不正與邪惡環境中想求取自我實現，積極和命運對抗，想要根除現代社會惡習的人們來說，此「咒術」就是最強而有力的武器。

自古以來人們不斷嚐試各種努力以求達成自己的希望，並且帶給自己幸運。而占卜就是這多種努力中的一種。大多數的占卜都憑經驗而來，占卜的主要目的僅僅只爲了知道自己先天的命運。占卜完全是被動的，是聽天由命的。

然而有人認爲命運並非預先由天定，乃是由自己一手創造的，倘若有不利的條件，也能經由人爲的力量改變成有利的條件。

持有此種論調的人們，對於命運完全採取主動，依照自己意思而行，爲實現自我理想而主宰命運。

至於如何做才算是遵照自我意思而行呢？

現在舉例說明它。

假定你是一位薪水階級者，你不但不憎惡你的上司，相反地，你非常誠懇地對待他，並且做事積極，在同事的心目中也認爲你是一位苦幹實幹的人。

但是上司却凡事挑剔你。因爲上司一方的偏見影響了你的昇遷，因而被調任其他較不重要的部門，此時你該怎麼辦呢？

如果可能，首先要抓住上司的心，使他能符合自己的心意，這是最好不過了！倘若上司非常憎恨你，此時你最好想盡辦法使他失勢，致他於死地。

現在我想把上述的假設換成實際行動，此種實際方法就是自紀元前三百年起誕生於西方，一直持續有五千年歷史的「咒術」。

舉例說明之。

倘若你戀著某位女性，中途情敵出現奪走了你的戀人，此男人乃女人心目中的白馬王子，然而却不能帶給女人幸福的一生（自己的愛才是最眞，自己才能使她眞正得到幸福）。

倘若你是發自內心如此想，那麼使用「咒術」即可消滅你的情敵。

咒術就具有如此使人震驚的可怕效果，因此長久以來一直是暗中流傳著。其神奇可怕的力量偶爾也會公諸於世人面前。

此「西洋咒術」公開主要目的，乃是希望在此苛酷的現代社會中，能藉由咒術的力量求取生活的目的及空間。

對於持正當理由運用「咒術」的人而言，「咒術」是恐怖的生存術。然而對於被下「咒術」的人而言，是一種絕對無法逃脫的恐怖滅亡術。

♥詛咒害死對方的恐怖「咒術」

紀元前三千年左右的美索不達米亞人，就知道在人體中隱藏著一股特殊能力。透過某種形式支配這種特殊能力，在別人身上起大的作用。

在此我們可以很清楚地知道「咒術」的起源，以現代科學得知它是一種稱爲PK的心靈力學作用，以前的人們就是利用此種力量創造出「咒術」。

此種PK和古代印度被稱爲Prana很類似。

希臘時代，咒術大大地發達。哲學家布朗得及數學家畢達哥拉斯都相信這種咒術。如此把哲學世界和咒術世界緊緊地結合了。

羅馬時代，歷代的羅馬皇帝大都害怕此種效果極大的「咒術」，因此頒佈各種法令來禁止它。其中以尼祿皇帝（紀元五四～六八年）更是不遺餘力的禁止。他害怕一般百姓使用咒術毀滅他的皇帝地位，於是下令禁止，甚至連研究也不行。

可是，皇帝尼祿本身和皇妃波帕赫亞一遇政治問題必定找皇妃專屬的咒術師商量。皇帝尼祿本身獨占此咒術。

咒術被禁，在其他國家也是同樣的情形。

希臘古代的得錄依德教就含有咒術的意味，因而，咒術的發達是有其充分理由的。

甚至連伊莉莎白女王一世（西元一五三三年～一六〇三年）的死，也和咒術有關，以下是女王親自指導製作的「咒術禁止法」（西元一五六三年）。

在此法令下，以咒術殺害對方者處以絞刑。

此法令在女王死後被一併廢止，此乃國王詹姆士一世爲擴大法令的適用範圍，而下達的命令並非認同咒術。

在英國此種咒術禁止法完全被廢止，是在一九五一年。咒術雖然不被公開，但是它比法律更具強的支配力。

南歐各國的裁判案例，一直到目前爲止乃有因使用咒術而被科以刑罰的情形發生。

咒術被各國強力的禁止，某些國家甚至到現在都還禁止著，主要因爲它的效果太大太可怕了。

本文中本人特別把咒術及咒術圖案實際在各國發生舉其結果，讓讀者參考。咒術實在是令人膽顫心驚，本人於書中詳細地記載有咒術的實證。

大家應該十分了解爲什麼此咒術會被各國所禁止。

現在就以「咒術」此一名詞稍做說明。類似「咒術」的話尙有妖術、詛咒或者是魔術。這類話語是英文Witchcraft　的語譯。Witch古代英文是Wicce（指有智慧的女人）「智慧」動詞Wicce，現在尙留下其形體字母有Vite及Vide。

妖術、詛咒及魔術主要是透過咒法或是折磨對方，或是行治療工作，或是行魔術，其共通點相當多，這其中就已經具備有咒術的要素。

然而「咒術」和上述不同之處就在於它是以求取自我生存爲第一目的，不惜犧牲對方的「實戰之術」。

此「咒術」應該於何種場合使用呢？

◆掌握對方生殺大權的「自由自在術」

「咒術」屬於實用之術，是依自我意識任意掌握對方生殺大權的自由自在術。

然而咒術該如何使用呢？

爲了更熟悉咒術這一門學問，首先得稍微說明其構造。

「咒術」，看本文就能一目瞭然，它採有一定的模式，此種模式稱爲咒法、咒文、咒符、咒物、咒動是它的構成要素。

所謂咒文如字面的意思即是詛咒對方的言語。咒符是寫於紙上的，倘若以文字來表達稱爲秘文。若以圖案或標幟來表示，則稱爲秘符或秘樣。

秘文和秘符具有攻、守兩種目標。至於咒物則是指詛咒時所使用的工具而言。例如，野獸的骨頭即是。

咒物乃是指使用咒文、咒符或是咒物等實際行動。

「咒術」的模式乃是由咒文、咒符、咒物及咒動所構成的，一種模式的執行另一種模式是無法同時使用的。例如，在某種模式上需要咒文、咒物和咒動，而另一種模式則可能只需咒符和咒動，並不需要使用咒文。

然而即使在使用上有點誤差，咒法一經設定就會產生效果。現在僅僅以咒法的理論而非實際來加以探討，但仍希望讀者多少了解些。

在實際上大家仍然是依照一定模式步驟來行咒法。

然而說到「咒術」到底適用於何種場合；適合對那種人使用，其範圍相當廣。例如：「咒術」可以使對方滅亡。至於使對方滅亡就有很多方式，可以單單使對方失去權勢，也可以使對方生病。

甚至於在憎恨對方時也可下致他於死地的咒法。其死法由瞬間不痛苦的死，一直到極爲殘酷淒慘苟延殘喘的死，可謂百態。

戰勝情敵，使自己的情人能離開情敵回到自己身邊。或者直接施咒於情敵，使他成爲同性戀者，凡此種種都能達到預期的效果。

有恢復良好異性關係的咒法，也有使異性能遠離自己不再糾纏自己的咒法。

遇到勝負關鍵時，也能運用咒法使對方慌亂，減低思考力，進而爲自己贏得勝算。

另外，也可以施咒於無生命物來打擊對方。例如：使對方失去或是措手不及地毀壞其重要的東西。

「咒術」可以使用於上述種種的場合。以下僅列舉我們日常生活中可能發生的八種狀況。這八種狀況幾乎涵蓋了所有的狀況。

一、咒殺所憎惡的對方的「咒術」

在對方毀滅自己之前先行毀滅對方。

二、加社會制裁於對方的「咒術」

某些場合利用社會制裁力量較咒殺手法要高明。

三、催淫的「咒術」

使不爲自己所誘的異性屈服於自己，和令人討厭的異性分手也可使用。

四、逃脫險境的「咒術」

渡過蕭條不景氣，迴避女難及遠離不幸的咒法。

五、受惠於發跡、升遷及財運的「咒術」

擊敗對手獲致成功，施咒法於不踏實獲得發跡、升遷及財運的人。

六、性能力的「咒術」

儲備持久力享受人生。

七、令憎惡的對手感到恐怖的「咒術」

促使對手老化，繪聲繪影令其著魔的咒法。

八、使對方聽任自己意思的「咒術」

使對方能傾心於自己的意見，對方心中存有自己意念，透過此意念能支配對方行動的咒法。

九、解咒法的「咒術」

以上所提的「咒術」都是危及對方的咒法。然而倘若被施咒法的是自己，那就糟了，因此也必須學會解咒法的咒術。

♣咒術爲何流行於世

「咒術」是一種古代的法術，具有五千年的歷史，一直流傳至今。因其效果極爲可怕，因而漸漸被大多數的國家所禁止。

然而現在「咒術」已經成爲多數文明國新關心及研究的對象。爲什麼此種不合乎科學的「咒術」會吸引那些樣樣講求科學的歐美人士呢？

一定是這些文明人對此不合理文化下，人們的新生活方式曾做過較深的研究，或是和此種文化有淵源，才會如此關心。

本應把人類生活置於幸福境界的文明利器，却把人類推向不幸的地步，而深信自己是處於平等社會的人們，一旦回顧，却又發現這只不過是權力支配不正常的社會。

當人充滿無力感時，他所想的是那股蓄在心中的自我能量，於是再次地喚起自己潛在的能力。

所以直視僅仰賴物質，心生荒廢的文明諸國時，特別是美國，之所以對咒術如此地重視，應該不難了解。

然而咒術並非只流行於美國。

根據世界報導，西德最近常有暴力事件發生。「魔女猖獗」——在西德的某個小鎮有位精通咒術的女祭師，她拿了一萬馬克的錢咒殺了二十人。

每週的星期二，那位女祭師必定穿著黑衣，緊閉於小屋中，在小屋中放置有骷髏。當然不是普通的骷髏，而是具殺傷力咒法的骷髏。在小屋中另外也放有棺材，棺材中有蛇的殘骸及刀子。

接著魔女透過既定的咒文及儀式，被詛咒者不久就被死神召喚。某些人因心臟病發作而死，某些人因事故而死……如此二十人就這樣死去。

透過大衆傳播這個事件人人皆知，至於類似這樣例子而不爲大家所知的，尚爲數不少。

雖然不爲人知，但具有特定的效果，被詛咒的人通常會後悔自己的行爲，這正是「咒術」最可怕的地方。

人的喜好是不能光憑咒術來決定的；如果可能，儘量不要去用它。然而因爲人必須生存，萬不得已才能採用此最後手段「咒術」，亦即所謂的「生存術」。

♠咒術的有效運用及注意點

讀過這本書的讀者對於「咒術」是何種東西，爲何被各國所禁止，其威力有多麼的大，應該相當清楚。

假如能充分地運用「咒術」，這和手上拿著新式武器是相同的。這種比喻或許不太恰當，倘若使用武器當然必須受法律制裁，至於「咒術」因爲不直接對對方施以行爲動作，因而根本不抵觸任何法律。所以說「咒術」是極合法的秘密武器，最貼切不過了。

如前述不斷地重複「咒術」就是生存術的觀念。爲了求自我的生存，所以必須毀滅敵方。在這樣的前題下，「咒術」才可稱爲生存術。

雖然咒術並不抵觸任何法律，不需負法律刑責，然而如果抱著好玩的心態去嘗試它，對於無辜被詛咒的對方而言，是難以忍受的。再者所謂的不抵觸法律，光指行咒術不觸犯法律一事。那是因爲「咒術」本身並不違反法律。例如：施某種咒法時倘若必須由他人處取得必要財物，這種行爲就觸犯了竊盜罪。所以希望讀者不要行歹念以此來行惡。

下列有幾點請讀者務必注意，才不會因歹念而行惡。

1.目前你有憎惡的對象嗎？

單單只是不喜歡、不中意的人，不能稱爲憎惡的對象，仔細想想看可有眞正憎惡的人嗎？

2.對方和自己是否有利害關係呢？

譬如：自己所喜歡的女星突然嫁給別人，倘若那名女星是自己的女友，當然就有利害關係產生，反之則沒有，然而利害關係並不限於直接的利害關係。因爲某企業所做的事，使你的情人受害，這也算雙方有利害關係存在，仔細想想和你所憎惡的人如果有利害關係……。

3.是否責任出在自己身上。

自己所憎惡的對手傷害自己，抑或是自己傷了自己，此種責任歸屬必須思考清楚。對方若眞的罪大惡極，則自己使用「咒術」，自然不會覺得害怕，反而理直氣壯。

4.在「咒術」使用之前先確認以上三點要素較好。

在行使咒法時應注意下列重點：

1.開始行使咒法前必先潔身。

當然能潔身最好，如果不能做到至少要洗淨兩手。

昔日必須行「清潔儀式」，在行咒法之前甚至有好幾日不進食的情況發生。這種種行爲主要是爲了使精神能始終處於顚峰狀態。

2.行咒法時必須捨邪念。

詛咒對方時必須心無雜念，專心一致。

3.行咒法時不能對其效果有一絲懷疑。

「咒術」存在於心中，自身潛在力量和宇宙外界相通時，才會產生效果。因此，如果懷疑自己的能力則力量就無法具體化。咒法無效和你心中生邪念、懷疑是有絕對關係的。因此「行一次的咒法不要行多次反覆的咒法。」

第一章　怨念的咒法

——咒殺所憎惡對方的法術

●本章所載的咒法主要運用於制裁所憎惡的對手，並送他往死亡世界。

這個世界上當然有自己討厭的人。

不管是誰都不打算太在意他。例如：碰到自己討厭的人，儘可能想廻避，這是一般人的想法。

遇到令人討厭的對手，被對方數落這種情況也有吧？然而大多數的人均啞口無語，儘量忍耐。並不希望把事情鬧大凡事息事寧人。

這種人是屬於一般普通的人。

其實這些人不過是礙於刑罰，因此不得不息事寧人。而對方就抓住此一弱點，看準對手不敢把自己如何，於是繼續爲非作歹。

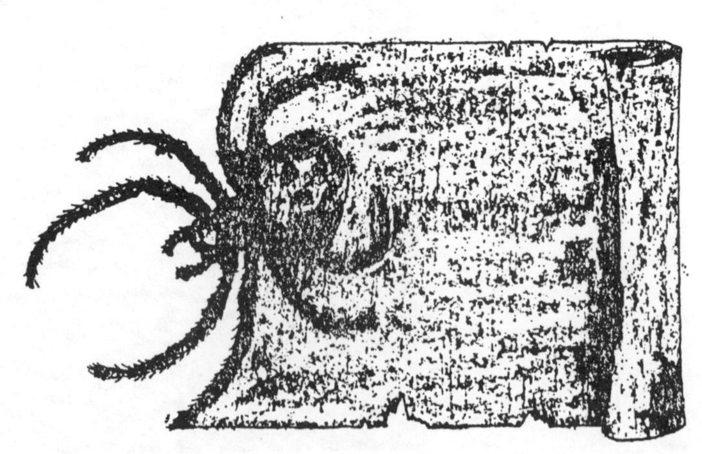

●類似這樣令人討厭憎恨的人到處都有。

現在社會此種憎恨的人際關係，正像蜘蛛網般錯綜複雜交織著。

部屬認爲對方是上司不斷地忍耐，而上司則認爲部屬處處頂撞自己，損毀自己信用，像個瘟神般，此種上司和部屬經常可見。

不光是社會上，任何地方都有極惡的人。在社會惡習充斥的今天，希望獨善其身的人實在應該受到詛咒。

另外也有所謂的宿敵，即有世仇敵人。有的因金錢而結怨，有的則是因祖宗遺留下來的積怨而彼此敵對，凡此種種很難理出頭緒作適當解決。

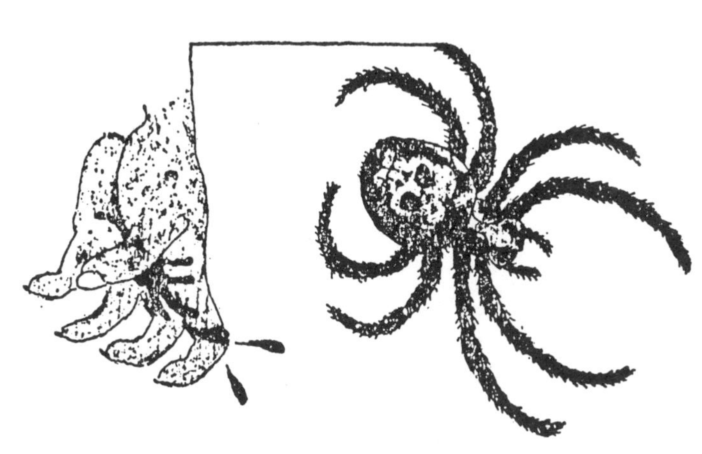

●此種社會終歸一句話就是爭鬪的社會。

本章的咒法主要針對求自我生存，毁滅對方而使用。咒法直接及於對方和對方的家族。至於被施咒的對方，會受何種程度的苦，則需視不同咒法而定。

咒法絕不涉及刑法。這對施咒者是一大福音。雖然如此也不能濫用，需謹愼而行。

在施咒前應當再一次好好地思考是否應該咒殺對方。所有的咒術一旦心存邪念，則效果會減低。甚至於反咒自己的情況也常發生。

咒法是屬於生存術，絕不是一種殺人的手段方法。

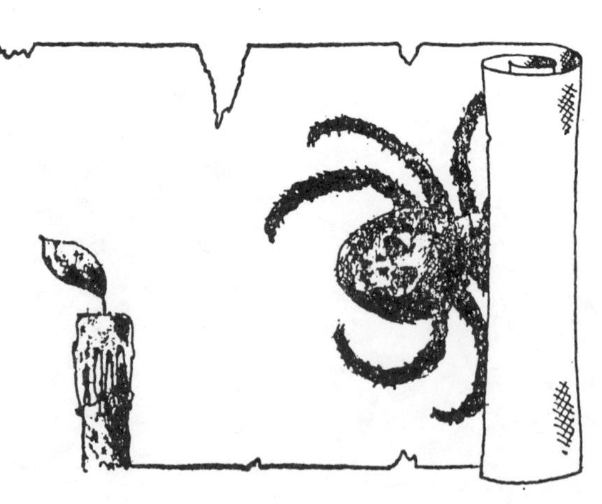

心臟刺針的咒法

製作一尊和詛咒對象等大的像，在心臟處劃上×的記號，一面把針刺入心臟，一面唸下列的咒語：「咒法在你身上起作用。彷彿惡靈在你身上起作用般。」如此對方會感覺心臟疼痛一直到死。

◆用紙做等大的像。

◆以紅色劃上×記號。為求快速達到效果，可用針刺自己的小指指尖，以流出來的血劃上×記號。

◆一般的綉花針即可。

◆唸咒文時不能讓人看到，否則咒法會反咒自身。

◆製作人像和施咒，最好於夜間進行。

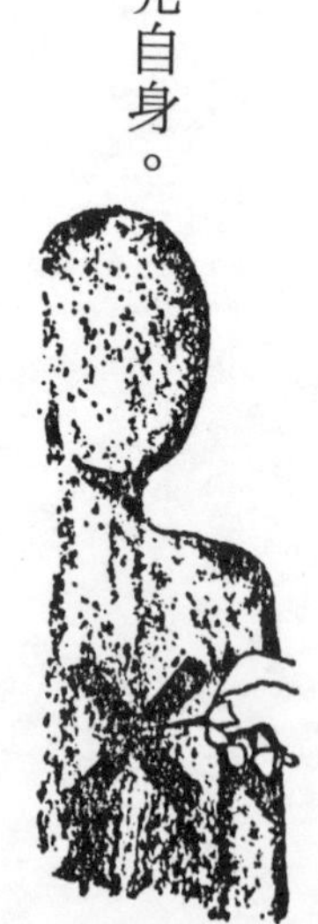

典笈出處

●出於美索不達米亞，紀元前三十世紀的咒法。

●他們已經知道原本只有神和惡靈才具有的法力，原來人也可以透過此種「心靈力學能力」（ＰＫ＝念力）來咒殺人類。

伊拉克的卡魯巴拉有一名叫依本的商人，非常具有商業頭腦，因而樹立很多敵人。

他衆多的敵人中有一名叫卡敏的人。

卡敏引用依本的商業手法，不但沒有成功反而招致失敗，最後終於破產痛苦萬分。

依本最後由卡敏的口中聽到了這麼一句話：「我要咒殺你」。

二週後左右，在巴格達經商時依本突然心臟病發作。在這之前他並沒有此種經驗。

經過精密的檢查結果，心臟並沒有任何異常，然而從此以後依本長年臥病。奇妙的是在他的左胸上隱約可見有×的記號。病痛越來越重，由依本的臉上任誰都看不出他將不久人世。

依本終其一生，×記號彷彿嵌在他身上似的擦不掉，終於痛苦的死去。而另一方的卡敏則對他的親友說這是「咒法的功效」。

這件事發生於西元一九四八年。

鳥啄食頭髮的咒法

你如果想置對方於死地。首先必須先拿到對方的指甲或是頭髮，然後讓一些鳥機靈的來啄食。如此對方就會被帶往邪惡的世界。

◆少許的指甲和頭髮即可。
◆鳥必須要機靈，且兇惡，最好是烏鴉。
◆爲了使烏鴉啄食，最好把指甲和頭髮攙入食物中（例如肉、五穀）。

典笈出處

●自古以來人類就認爲人體的指甲及頭髮具有某種神秘的力量。
●即使現在貝魯基農村和流谷山布魯山村的人們，仍然很害怕自己的指甲和頭髮落入別人的手中，主要還是害怕被施咒術。
●桑姆頌具有無與倫比的神奇力量。如衆所周知的他被人取走頭髮後，怪力就消失了。
●此種咒法稱爲「鳥啄食頭髮的咒法」出自於美索不達米亞。

現世紀初在哥魯西加島上有一位名叫啾巴尼的男子，出外狩獵不幸跌落谷底，極為悲慘。然而他並沒有摔死。當人們發現他時，他因扭傷雙腳行動不便，被烏鴉啄食了兩眼慘不忍睹。此時只剩下一口氣的啾巴尼，對搭救他的少年說：「我被路伊茲下咒法。」

路伊茲和啾巴尼交惡眾所皆知，兩人最近才發生衝突。

啾巴尼一邊以槍托驅趕來襲的兩隻烏鴉，一邊思考著。

就這樣和那兩隻烏鴉鬪了二十多分。

此時他注意到五十公尺左右處，在某棵大樹的樹梢上棲息有好幾隻烏。

然而還擊兩隻來襲的烏鴉手仍然沒有停止。

意識逐漸模糊的他，看到最後，發現盡是黑影。

二小時後他被少年發現了。至於說出被路伊茲下咒法，是兩個月後的事。

十三針的咒法

倘若有令你憎惡的對手，而你希望他死，可以於傍晚把時針定在十三點，而在第二天早上日出時，對著時鐘唸道「Burg Don」詛咒對方，如此你憎恨的對手就會因心臟病發作而與世長辭。

◆此種咒法僅適用於詛咒令自己最厭惡的對手。

◆所謂傍晚時刻，因季節的時間不定，大約是在星星開始閃爍的時刻。

◆至於什麼樣的時鐘較好呢？其實任何時鐘均可，但必須把時刻定於十三時。

◆如果次日發現施咒的時間不對，此時必須讓時針走動，否則咒法會及於自身。

◆所謂十三時，換言之就是下午一點。

◆此咒法所施的對象以自己所熟知的人較有效。

典笈出處

●如衆所周知的，十三此數對歐洲人而言是極爲不吉利的數字。

●把對方固定於十三，此數意味著使其殘酷死亡之意。「Burg Don」目前意思

並不明確，大概是靈界的語言，意思乃是「被固定於此」之意。

●此咒語出至中世初期巧坎昔那比亞半島，目前初次流行於瑞典及挪威國境處，具有極大的威力效果。

二次世界大戰前夕，西元一九三一年的含布魯克郊外。深秋港邊的汽笛聲隱約地在霧中響起，當冬日脚步近時，某一日發生了這樣一件事。

說到此事件警方並不知道，就算知道也無法幫助這位多愁善感的少年。現在我們僅能由少年日記中窺見存在少年心中的事件內容——

懷易智・K和一般少年並無兩樣，十一歲具有纖細的體格。

事件的發生必須追溯到懷易智父親死後二個月，此時正逢六月。

某位年輕男子，投宿於懷易智的家中，懷易智的家是二層樓建築，相當寬敞舒適。

懷易智三十二歲充滿女性魅力的母親和此年輕男子發生關係，實在是意料中的事。

然而這對懷易智而言，他實在無法理解屬於大人們的世界。

身為獨生子的他，心中只有一種觀念，那就是媽媽是父親的妻子也應扮演一位母親的角色。

因此只要是強奪母親的人，不管是誰都是懷易智的敵人。

於是殺意漸漸清晰地在懷易智的心中萌芽，在新學期開始正逢秋季時，那位男子便和懷易智的母親結婚了。

懷易智開始覺得有種被遺棄的感覺。於是萌起殺人的念頭。

某日，懷易智於祖父的藏書閣中發現了一本書，這本書由祖父衆多藏書中突然掉落下來。老舊且厚，被挾於衆書中的小書爲何會掉落下來，懷易智開始起疑……

……。

這本書彷彿是有意顯落於懷易智面前——

由這本書中懷易智知道了咒殺人致死的方法。

時針停在十三時。

早上唸咒語。

憎惡的對方。

看到這些字，少年興奮極了。

於是開始使用咒法。

正確地依照書本指示而行……。

——對少年而言，那個男人是自己應該感到憎恨的繼父，是一個霸占著母親關心的人。

那個男人一醒來正好是七點半，突然感覺身體異常疲倦，這種現象從來沒有發生過。

對於自誇自己擁有強健體魄的二十五歲技師而言，這種異常現象總覺得有種難以言喻的不安感。

「不，可能是工作過度吧！」

他一邊自言自語一邊伸手去拿大衣。

「疲倦！」

「痛呀！心臟痛！」

他左手置於胸前蹲在地板上。

此時正在準備早餐的妻子發現他正痛苦地呻吟。

「啊！你……」

你怎麼了？妻子已經嚇呆無法言語。新婚的喜氣從她的臉上褪去。

於是請醫生診斷。

「沒有什麼異常症狀，一會兒再作精密檢查看看。」

然而第二天繼父又在同一時間發作。

他伸手向身旁的懷易智的同時與世長辭。然而爲什麼會這樣呢？母親、醫生、少年本身甚至於繼父都不得而知。

「彷彿惡魔的臉。」

數十年後醫生對某位友人提及此事。

被詛咒的男人抓著心臟與世長辭。其死狀極爲痛苦。

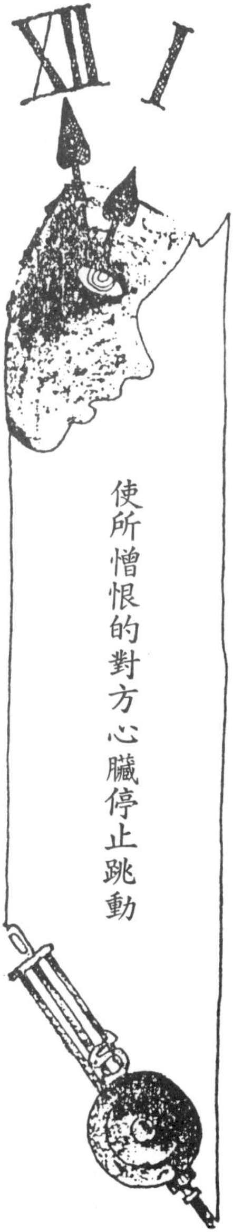

使所憎恨的對方心臟停止跳動

白蠟的咒法

倘若你非常憎惡對方，可以以白蠟作成對方的人像，並在其中放入對方的三根頭髮，憎惡它，並唸三遍咒語使其順河而去。對方不久就會遇到水難。

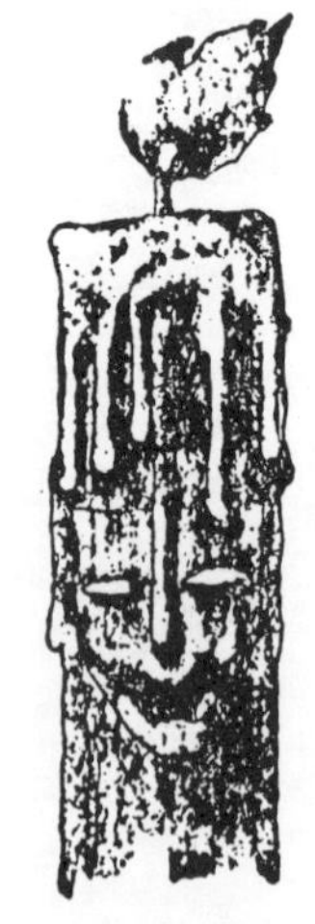

◆蠟燭必須使用白色。

◆憎恨的話，例如：「××死吧！」唸三遍同樣的詞句一字不差地唸。

◆放入像中的頭髮不可露出外面。

典笈出處

●頭髮是個人神聖的東西，對於頭髮的詛咒就等於對頭髮所有人的詛咒。

●因而即使是現代社會，歐洲各地的人均害怕自己掉落的頭髮落入別人的手上。

●此咒法源於貝魯特的拜火教。

數十年前的某個初夏。

施肯德奈特伊瓦納斯市近郊的鄉村，有一位名叫久納桑的男人溺水而死。此男人脾氣暴躁易與他人起口角，但是他有口無心並沒有壞心眼。

特別是和鄰家的老人交惡。那位單身老人的狗只要一弄壞他庭院的花，他就會痛打那隻狗，此時老人非常生氣，經常脫口說出「我要殺你」這句話。

這句話誰都聽老人說過。老人是如此地憎恨久納桑。

水難正好發生於附近蔓延正在工作的農夫面前。

釣魚中的久納桑突然失足掉落河中。

農夫並沒有去救助他。主要乃是因爲他善於游泳。加上這條河水水流很緩，深度不超過一公尺。

僅此一念之差，農夫再回頭時少年已沒入水中。

被農夫救起的久納桑，一被拖到岸上就斷氣了。

數日後在下游遊玩的孩子們看到了蠟做的人像。那張臉像極了久納桑。

白樺的咒法

如果你有舊仇，並且想殺死對方，此時你可以集白樺樹的葉子做成偶人，畫上對方的臉。

而後在偶人的額上以白樺的花汁寫上對方的名字。接著揷入釘子如此敵人的頭部就會發病而至死亡。

◆以白樺樹葉塞入布製的偶人中。

◆必須寫對方的全名。以白樺的花汁寫對方的名字，乾了之後雖看不出上面寫有文字。然而施咒並不受影響。

◆釘子最好較尖銳。

◆此偶人不要放置顯眼的地方。

典笈出處

●白樺是「青」的意思。

●nil「青」是拉丁語nil（＝nilril'）通「無」。此咒語源於波斯，和北歐的白樺搭配而產生的咒法。

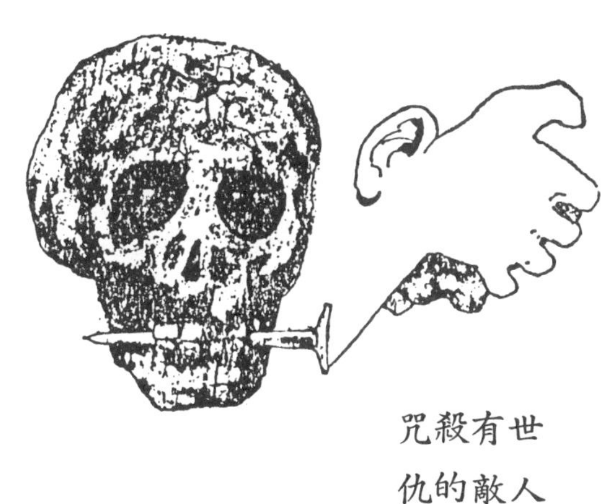

咒殺有世仇的敵人

這件事發生於第二次世界大戰德國的普瑞梅市。某個二十六歲的男人老喊著左額頭痛，於是求醫診治。然而患者從來沒有因爲打鬥而受過傷。

醫生診斷的結果都認爲他可能有點神經質，於是開給他藥物服用。

然而一個月後這個男人突然死了。

解剖結果發現其前頭部邊上，新近揷有某種尖銳的東西。然而據說在診斷中患者曾經對醫生說可能是釘子。

奇怪的是這種不明原因的傷，竟然和把他當做敵人詛咒同行的某位建築業者，揷在偶人頭部釘子的位置一樣，這件事經由那位建築業者的友人記載下來。

四角文字的咒法

倘若你對上位的人素有積怨想置他於死地，把SATOR此字由左上寫到右下，並由右下寫到左上滿佈於紙的四個角落中。其上以黑色筆寫滿令你憎恨對方的名字。而後唸七次「哦！偉大的撒旦」，一直到七日天明不離身地攜帶著。七日天明時，它會化爲灰燼接著使它隨風而去。不久對方就會斃命。

◆必須正四角形。

◆依對方名、姓順序自左上寫到右。

例如：山川太郎依下列方式用羅馬字書寫。

◆所謂七日，詛咒當日算是第一日。

◆化爲灰燼隨風而去，主要是使灰燼飛散於空中。

典笈出處

●此咒法稱爲惡魔的「四角文字」，是一種恐怖的咒術。

●自左上看至右而至於下，再自左下的S讀至上而至左，此乃SATAN（撒旦）＝

惡魔）的複數形寫法。

●此惡魔的四角文字（並不是拉丁語），中世紀北歐才稱爲「惡魔的拉丁語」。

●變爲和撒旦一樣的被詛咒者，必會痛苦至死。

●所謂上位者指的是經理和上司。

中世紀的北歐。瑞典南部斯坦內（當時是丹麥的領土），某個被咒法纏身的小領主發生了不幸的悲劇。

詛咒他的人是一位農民。那位農民因爲痛恨領主稅收苛酷，因而出此下策。下咒時農夫集中自己所有的精力，因而加速咒法迅速的施行。農夫持續七日沒有外出，一直不斷地下咒法。

被詛咒的結果領主從馬上摔下傷了頸部。清醒後的他神智不清胡言亂語，並且開始非常關心女性。換句話說有異常沉迷女色的症狀。

他和下賤的女性來往弄得身敗名裂，性格大變，整個人崩潰，短短不到一個月的時間，他已經成爲性格異常的人。

悲劇的發生大約在他十七歲時，他開始侵犯人見人愛的自己母親。對他而言母親不過是個女人化身而已。和一般女人並沒有不同。

因爲他的惡行終於被囚禁，某個早上發現他已氣絕身亡。

根據記載自下咒到死亡，不過短短的兩個月。

三唱的咒法

如果你是一位想要復仇的女性，在你所憎恨男子的房門口前唱三遍「死」。

男性家族不久就會有災禍降臨，會嚐盡人世最淒慘的悲劇。

◆所謂房門是指他常進出的出入口，此時緊閉著較好。

◆此種咒法只限於女性對男性使用才有效。

◆「死」是希臘語以（ πεθαμενθσ ）來表示。

◆掃帚只要不是竹掃帚任何材料做成的掃帚均可，並且不問大小。

典笈出處

●自古以來就知道語言具有某種特殊的力量。語言成為人的一部份時具有咒術效果。

●例如：魔女騎著掃帚飛翔於空中，掃帚乃是一種為轉移某種力量而象徵性被使用的工具。

●乃古代希臘的咒法。

君。

希臘時代，希臘殖民都市西西里島東部，西朗古沙街上，有一位名叫帝歐的暴

當時的希臘大小戰爭及政變不斷，當然西朗古沙也不例外，年年有戰事發生。帝歐得到友人的幫助奪得西朗古沙自立爲王。

他在自宅的房門口前正在沉思時，突然不知受制於什麼東西全身不能動。提心吊膽地回頭看，就在帝歐面前出現了一位拿著掃帚的女性。

帝歐想著此女一定是復仇女神吧！他的身體不自覺害怕地顫抖著。魔女手拿著掃帚掃地板。

過度緊張之餘，帝歐大喊救命。

隨著帝歐喊叫聲，復仇女神突然消失了。

不久帝歐暴君之子自絕身亡。而後暴君本身也被暗殺。

蛇皮的咒法

如果你想使令你憎恨的對方受苦，那麼可以唸下列的咒文。

束縛手
束縛齒
束縛骨
束縛舌
束縛口

以蛇皮來束縛之。

如此，就經常會有不幸事故發生在他家中，令對方苦悶煩惱。

◆一氣呵成地唸完咒文。
◆唸咒文最好選擇暗夜。
◆唸咒文時不能讓別人聽到。

典笈出處

●「蛇皮的咒文」。

●此咒文不直接及於對方，但是卻及於其家族。對方必須承擔此種降臨於他家庭的苦難。讓對方嚐到不幸的苦果。

●咒文發生地大概是紀元前美索不達米亞附近。

被蛇皮捆縛多麼地痛苦及可怕，就好像流行於北美印第安納間的一種極刑。這種刑罰稱爲生皮之刑（以生皮捆縛罪人，加水於生皮上生皮會腫脹，等到生皮逐漸乾燥，就會漸漸地勒緊罪人），和蛇皮捆縛有異曲同工之妙。

對人類而言蛇皮是一種潛在令人感到可怕的東西，用它來捆縛東西，恐怖更加深一層。

很多情況下，被「蛇皮詛咒」的人，最近都會發生不幸事故。和自己有血緣關係的人，其可怕程度更加深。

第二章　滅亡的咒法

——給予對方社會制裁的法術

本章所敘述「滅亡的咒法」主要是針對社會上的惡事，即使是個人惡事也是指對社會有較大影響力的惡事而言。因此對於個人性格上的惡，此咒法並不一定有效。

社會有各種惡事存在。某些是公諸於世的，而某些則是掩人耳目不為人所知的暗中勾當，甚至有某些駭人聽聞的惡行。

這種惡行有的是集團所為，有的則純屬個人的行為。個人行惡對象通常直接指向某人。而這個某人可能就是你在一個人際關係相當好的工作場所，只要製造一點問題立刻就會起爭執，或者中傷你，讓你失意至極，最糟的情況，說不定還有那種剝奪自己生存希望，如此邪惡的人存在。如果你是一位學

生，此刻你的班上說不定就有專門欺侮弱小的學生存在。

對於這種惡德，正面對付是沒有用的，對方擅於應用智慧於他的惡行上，倘若被反擊說不定會反施己身。

此種情況最有效的方法就是使用「滅亡咒法」。

打擊惡行，運用惡法是最有效的手段。運用此種咒法對方受到痛擊痛苦不已。

倘若你確信對方行惡，在此情況下才准使用滅亡咒法。

利用對方的弱點貪圖暴利的惡德業者以及使用暴力任意胡作非爲的人，處於這些人充斥的現代中爲了自救，唯有使用咒法對付

這種人，令其苦惱煩悶遭受苦難。

對付此種惡質社會的惡行，下死咒最好不過。在某種情況下他們可能不得善終。

然而使他們受苦是有必要的。例如：令妻子不幸可以使他長期處於比死更苦的苦難中。或者令他失敗，無法在社會上立足離世而去。

總之，以善來對惡並不適用現代嚴苛的社會。

認眞踏實的人爲求生存可以利用此章咒法來詛咒社會的惡行，此種咒法法力無窮因而希望善用之，用於眞正需要被詛咒的人。

八面骰子的咒法

如果你想使對方失去其原有的社會地位，可以於骰子的八面上寫上對方的名字，並揷上剛萌芽的樹枝，詛咒其家庭不和，接著使其喪命。

◆八面骰子如圖面上的作法，各面大小最好不要一樣。

◆任何一種剛萌芽的樹枝均可。

典笈出處

●「八面骰子的咒法」產生於法國，自古以來經由可怕的哥魯德人傳承下來。

●咒法主要是想使家庭失和。

●除了使其肉體死亡外，也可使其毫無地位無法在社會上立足。

最典型的例子發生於十九世紀末期法國的納德。他是一位地方政治家，太過獨斷獨行，因此樹立很多的政敵。於是被這些政敵中的一人下了咒。

製造他和妻子分居原因是因爲愛人問題。此乃第一個不和。

第二個不和，使他和兄弟不睦，相互爭奪父親的財產。

第三個不和，故意製造他的愛人自殺未遂事件。

此三件大大地影響他的政治生涯。

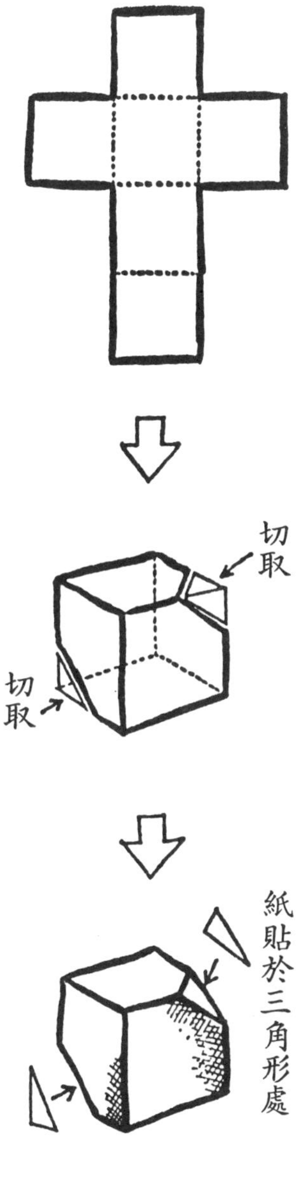

切取

切取

紙貼於三角形處

肝血的咒法

倘苦你希望使你社會上的敵人受苦，以生的血、肝塗在對方臉上，再以紅狗來舔嚐。

對方的家族會遭受不幸，此種痛苦使對方彷彿墜入悲慘的地獄般。

◆使用咒法時，不能讓人看見否則沒有效果。

◆生的肝指的是動物的肝臟。已經死去的動物也可，或者到肉店買也沒有關係。

◆對方的臉儘可能用照片，因爲照片最傳眞，如果沒有，可製作個像對方臉型的東西。

◆狗必需是紅狗。

典笈出處

●「血咒」源於科卡薩斯。

●此咒不直接及於對方，藉由使對方家族遭不幸，間接使對方受苦的方法。

●施咒目的對於懲罰社會上惡人才具效力。

某本書記載瑞士某位豪商就曾被此咒法詛咒。而詛咒他的人是一位住在他附近的商人。原因是因爲爭水利起衝突。

豪商首先失去父親，近期將結婚的長女發生交通事故。此事發生在父親死後不及半年的時間。

不久妻子中風臥病在床。

此貪圖暴利的奸商遭遇種種不幸後，人們總覺得有某種不吉利的陰影存在，因而漸漸不與他買賣，他的生意一落千丈。

在這不可思議三件不幸發生的同時，經常可見紅狗走動（發生於一九〇〇年初的故事）。

閉息的咒法

如果你想毀滅對你有害的人，可以於三日同一時刻吟唱下列的咒文。

哦！施咒　起效用　殺你！哦！

被詛咒的人氣息禁閉魂魄永遠無法超生。

◆咒法最好於夜間施行。

◆歌的節拍並非現在流行的音樂，至少必須是咒文上使用的節拍，不是用唸的，而是用唱的。

◆此咒的特異點，被施咒的人會依施咒內容而行。

典笈出處

●此「閉息咒法」「歌法咒法」原本流傳於黑暗大陸非洲，後被西歐人據爲己有帶回歐洲。

●歌咒的特色，被詛咒的人呼吸會變困難。

●魂魄四處流浪無法回天界安居。

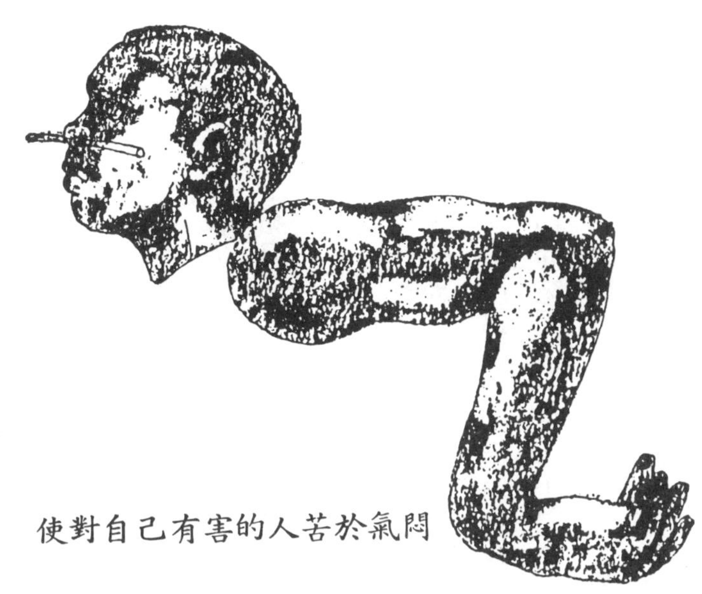
使對自己有害的人苦於氣悶

黑暗時代非洲的西海岸，部落中有位無法無天處處危害部落的男人，最後終於被人下「歌咒」。

詛咒他的人是地方上知名的咒術師。

被詛咒的男人是個倔強的男人，三日後呼吸困難漸漸陷於昏迷狀態。

他胸部像火燒般痛苦不堪，皮裂肉綻滿身是血，因苦痛不斷地掙扎。二日後終於死亡。

不可思議的是他死後一週屍體都沒有腐爛。

咒術師說：「魂魄無法安定下來。」

如果你希望給對方令他無法擺掉的東西時，可以於極小張的紙上寫上無數的DEMON，巧妙地藏於蘋果中令對方吃下。

野獸附身的咒法

吃下咒文的對方，就會變成惡魔的附身失去判斷力。

◆爲了不使對方發現，紙張必須要非常的小。

◆必須是生蘋果。

典笈出處

●西歐中世紀已經使用的咒法，一般除稱「野獸附身咒法」外，也可稱「床上輾轉咒法」，之所以稱「床上輾轉咒法」，主要是因爲被詛咒者會因痛苦尖叫，於床上和地面來回滾動痛苦不已。

●此咒法並非直接置對方於死地，而是採漸進方式置對方於死地。

●是一種使人精神失常的咒法。

被施以無法擺脫掉的咒法時，自古以來不光是一般人才會被詛咒，連服務於聖職的天主教徒都會被施以此種咒法，歷史書中常有記載。

一六七五年施坦德貧窮村落，有一位名叫瓊・哈薩克的年輕人，被施以此種咒法。施咒的人是一個把他當做情敵的人。

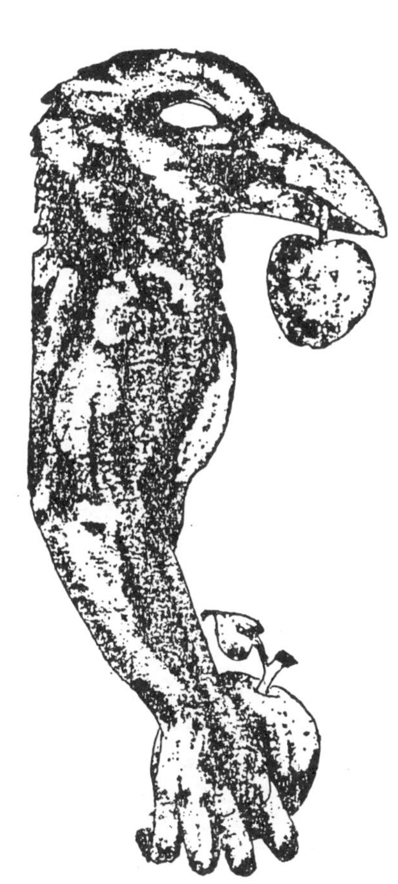

瓊・哈薩克似乎認爲自己是一隻鳥。振臂開始自屋頂上往下飛。

有時還會發出很奇妙的聲音。

停止舉臂他就開始於地面挖洞。

他已經開始變身成會挖地道的鼹鼠。

挖土時一發現有昆蟲就張口吃食。

此種行爲大約持續有三個月。

有時他也會恢復正常，此時他口中常會唸著：「我的體肉有惡魔附身。」

終於症狀惡化瓊喜好居住在山、野的時間變多。

（當然期間他周遭的人並非袖手旁觀，也做了種種的努力。）

最後他竟然鑽進了大廢坑，後來因爲土崩而被活埋。

招來惡靈的咒法

如果你想招來惡靈纏上你想詛咒的對方，可以準備紅色的西服褲，灰色衣服及同顏色的襪子，接著叫「來吧！撒旦。附於××之上」。

對方就會被惡魔纏身甚至於死亡。

◆灰色衣服大小均可。

◆所謂同色的襪子指的是灰色的襪子，如果不是灰色可以着色。

◆××高唱對方的名字。

◆所準備的西服褲、衣服、襪子一切都是給撒旦使用。

典笈出處

●此咒文乃是呼出惡靈的咒文。

●此咒法是歐洲撒旦出現地所流傳衆多咒法中的一種。開始被使用地點是瑞典中部西里亞湖邊魔拉街上。

●被詛咒的人輕者殘廢，重者致死。

使惡魔附其身

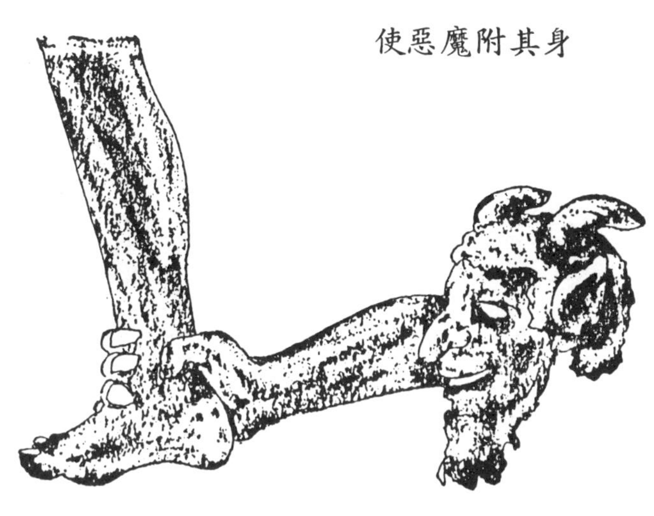

白夜的夏季如目前大家所知，一直流傳著夏至前夜祭的習俗。

在這個熱鬧城市的附近，自古以來一直流傳著這樣的故事。

此地有極強烈宗教信仰的農民，幾乎所有的人都會招惡靈。

某年深秋有一位商人到了此鎮。不幸他和某稅物官吏的妻子通姦被捉，因而被這位官吏下咒。

他沒有被惡魔纏身，然而因爲經常和惡靈一起生活的緣故（撒旦的性器和精液像冰一樣的寒冷），因而商人從此以後不能再享受魚水之歡，雲雨之樂。

邪眼的咒法

如果你想慢慢削弱對方使對方脆弱至死時，可以在心中反覆唸著「在撒旦名下，願災禍降臨你××身。」

再以惡眼凝視對方。

最後對方終必耗盡體力致死。

◆「你××」××指的是對方的名字。

◆惡眼指的是眼中充滿惡意及咒唸。

典笈出處

●此咒法始於希臘時代，然而被製造成大問題却是羅馬時代。

●因爲在羅馬時代提出「禁止使用惡眼法」。

●此咒法稱爲「惡眼的咒法」或是「邪眼的咒法」。

●此咒法原本是撒旦本身的想法。

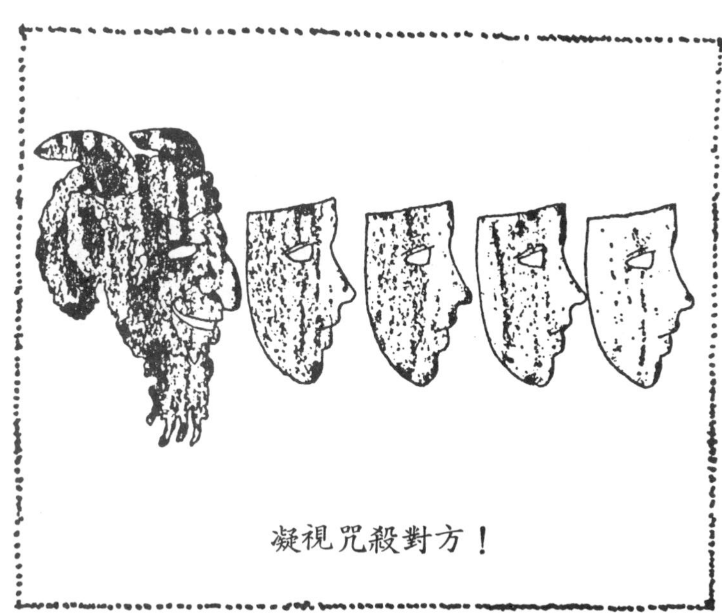
凝視咒殺對方！

因「惡眼的咒法」而死亡的例子，在歐洲自中世紀以來已經發生很多實例。

威尼斯的某個農村的女孩被此咒法詛咒，首先手萎縮，接著脚萎縮，最後連支撐頭部的頸力也失去，終於致死。

她死時十九歲。二年前被施此咒一直都處於上述種種狀態下，死時其容貌彷彿老太婆般。

此例主要發生於英國，然而在艾魯拉里島及西西里島也有發現。

松葉的咒法

如果你想置對方於死地，可以集十三支松葉束上三圈綑成一束，再以自己的血塗上顏色。而後升火一邊燒它，一邊唸著：

「×××死
×××死
閉上咒文」

13 支松葉

被詛咒者就會因眼病而死亡。

◆乾燥的松葉易於燃燒。十三支松葉必須自己親手採集。
◆十三支松葉以三條線如下圖般綑住。
◆以針刺破小指，用小指的血即可。
◆一切準備一直到完成所有作業，必須於夜間施行。

典笈出處

●「松葉的咒法」此種咒法本來用於集團，然而東歐卻用於詛咒某個人。
●被詛咒的人定會因眼病而死亡。

十七世紀初，佛利茲有一位惡德商人。

此男人行爲卑鄙當然樹敵不少。換句話說他的敵人都是事業上的敵人。

詛咒他的人是他的情婦瑪麗亞。

爲什麼知道詛咒他的人是他的情婦？因爲他的情婦老把「咒殺他」掛於嘴邊，很多人都親耳聽到。

自從瑪麗亞離開他後，他就經常開始頭痛。

他這個壞人太過於神經質，某日他突然說出「我被詛咒」的話。

至於他爲什麼會說出這樣的話，沒有人知道。

頭痛更加地嚴重。即使看醫生也不見療效。

某日他散步的時候，突然飛來一塊石頭打中他的左眼。

沒有妻子光擁有財產仍然不能使他的心獲得踏實，如此一個月後他瞎了，半年後與世長辭。

八角咒法

如果你想消滅你的敵人，可以使用八角咒法。

首先，準備洋皮紙裁成正八角形，在每三角形內寫上敵人的名字。接著施咒生火燃燒。

如此敵人就會得熱病，再也無法行動。

◆洋皮紙即使不使用紙，用動物的皮也可。

◆三角形內如左圖所示。

◆有關敵人的名字必須寫全名。字數越多越有效力。

◆所謂生火，指的是燃燒生木所產生的火。

典笈出處

●「八角（火熱）咒法」可能源自於拜火教，前世紀被使用於中歐。

●此咒法乃利用三角形中所藏有的魔力。

●如衆所知吉普賽人常常運用此種咒法。

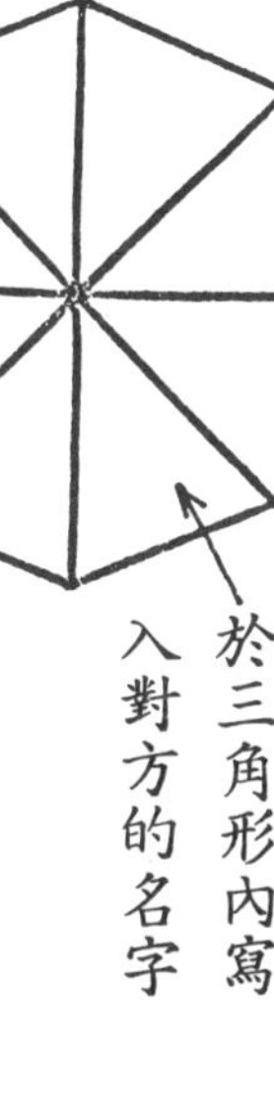

西元一八九八年普拉克北方，有一群旅行於美露尼谷的吉普賽人。他們順道經過美露尼谷臨近的貧窮村落，那個村落的長老拒絕伸援手照顧有病在身的老人。

懷恨在心的老人們對長老施火熱咒法。知道長老的全名對吉普賽人並非難事。長老是七十歲的老人，精神極佳。

這位長老敵不過咒法的神奇法力，二個月後某日和鐵匠閒聊，談笑中突然搖搖晃晃半邊被熱火所燒，終於死亡。

第三章　愛之術

——讓異性順從自己

這個世界只有男人和女人兩種人類，兩者間既有愛存在，也有恨的存在。

此章的咒法適用於男女關係間的各種情況。使不屈服於你的人屈服於你，此乃最常運用咒法的例子。對異性一見鍾情，想擁有對方的戀情光是期待並無濟於事。此種經驗任誰都有吧！

你越是投入，對方離你越遠。此種情況下要點小技巧還是沒有用。

如果使用令對方心動的咒法則效果彰顯。你的思慕之情越深咒法效果越大。

當然愛變成恨的情況也有。特別是新異性關係更形深刻。你只求一時的玩樂，而對方和你所持的心態相反，於是你被苦苦相纏，此種苦惱情況歷歷在目。

常聽說異性關係本來很單純，然而因爲彼此不努力去經營，而終於將彼此的未來美夢打碎，類似這種例子屢見不鮮。

此時爲了早日切斷情緣，使用咒法較好。如此方能爲彼此尋求未來平坦之途。

受人歡迎的人有他的煩惱，相反的不受他人歡迎的人也有他的煩惱。

絕對不是個人不具魅力，有的是和異性沒有緣份，有的則是沒有異性緣。

此種人和異性間心與心的交流分歧，爲了修正這種分歧使用秘術使自己成爲受歡迎的人（有關此方法參照第六章），使用後連自己都會驚訝於自己在異性心目中廣受喜愛的程度。

戀愛像個戰場。任何人都知道絕不是徒有其表漂亮而已。毫不戀戰抽身而出，聽起來相當的有魄力，然而事實並非如此，多數人都是口頭上說說而已，眞正做起來比登天還難。

「戀愛就是戰爭」，昔日希臘哲人曾如此說過。

你愛的人另有戀人時，如果你是眞愛他則必須盡全力擁有他。然而使用咒法較其他方法要來得穩當，並且更能得到確實的成果。此種咒術專門用於自對方手上奪得戀人。但是千萬不可抱著開玩笑的心態而行之。

使用咒法對付別人，也許有一天別人也會反施你身，自己必須有所體認。

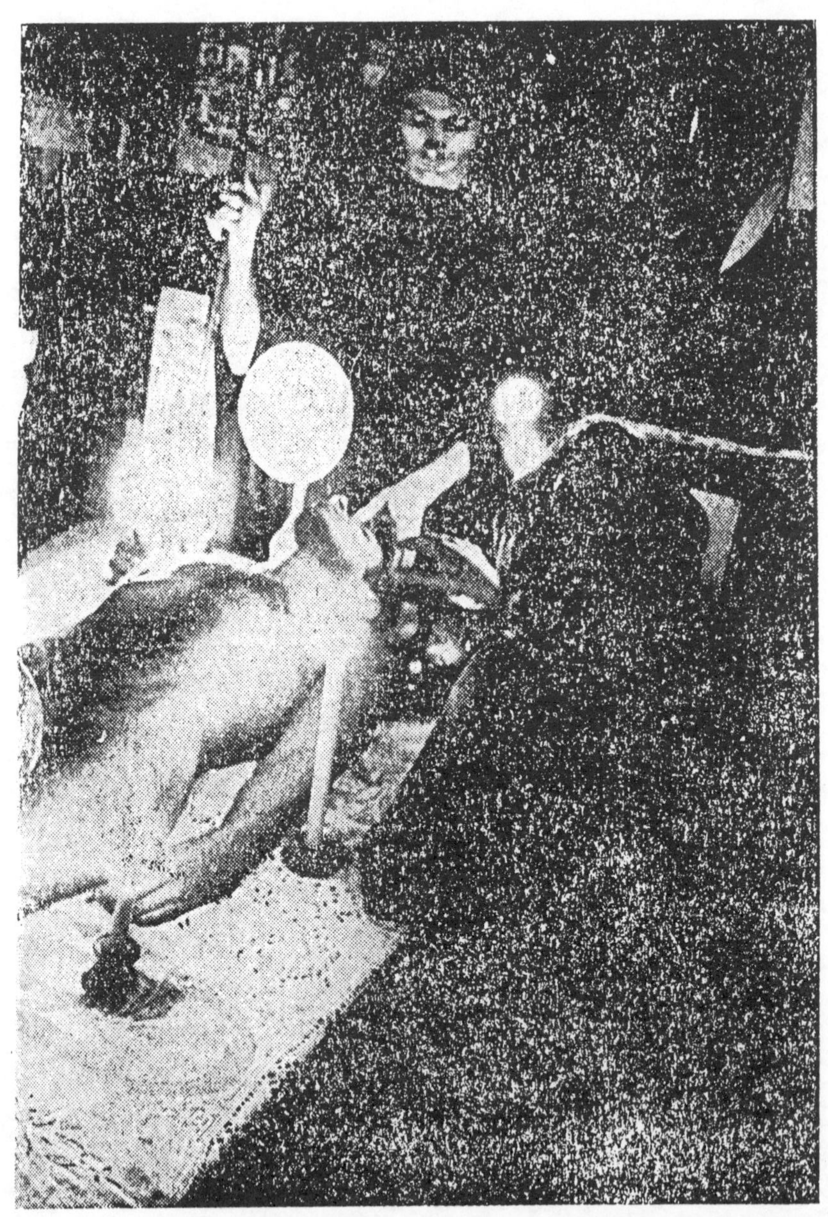

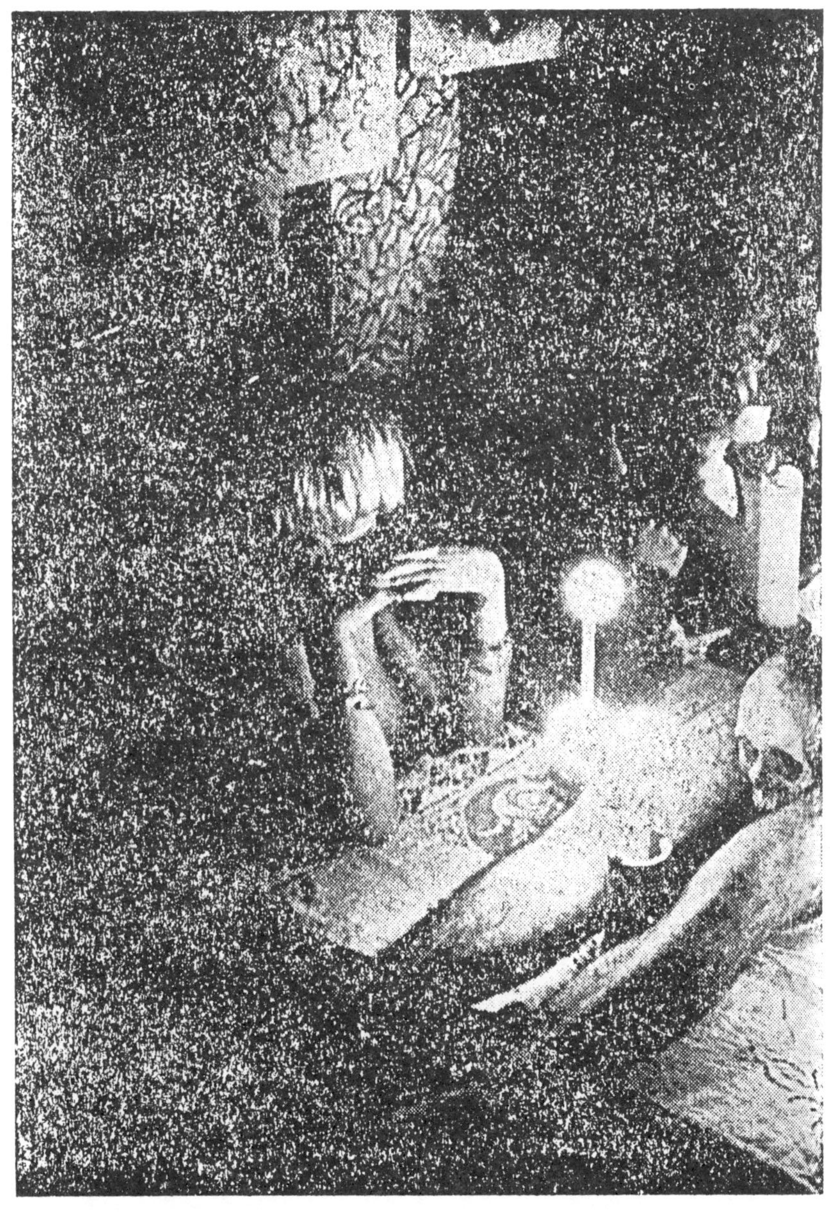

Toogras的咒法

倘若你心儀的異性對你沒有反應時，首先可以把Toogras此字寫在紙上，當太陽昇起時，用這張寫有Toogras的紙張遮住太陽，祈求Toogras。藉此傳達給你心儀的對方。如此幸福的腳步將在近期內降臨。

◆所謂太陽昇起指的是早晨時太陽自地平線昇起。

◆不可反覆寫Toogras，如果反覆寫則咒法會產生反效果。如此和心儀的對方不會有好結果。

◆祈求Toogras時必須去雜念，腦中只有所思慕的異性。

典笈出處

●此秘術稱爲「Toogras的祈求」。

●Toogras指的是什麼，並沒有正確而詳細資料足以說明。

●此秘術主要是使不屈服於自己的異性能服服貼貼。男女雙方均可使用。

他是一位二十一歲的好青年，他暗戀某美術學校的某位女同學。

儘管使出渾身解術，對方仍然沒有反應，使他感到相當的困擾。爲此我特別教他Toogras的咒法。

大約過了二個禮拜的一個深夜，我接到他的來電，由來電中得知他已經成功地追求到那位女同學。

他說：「我現在和你通電話，那位名叫蕾納的女同學就在我身邊。」

此種咒法男女雙方均可使用，但以男對女施用更有效。

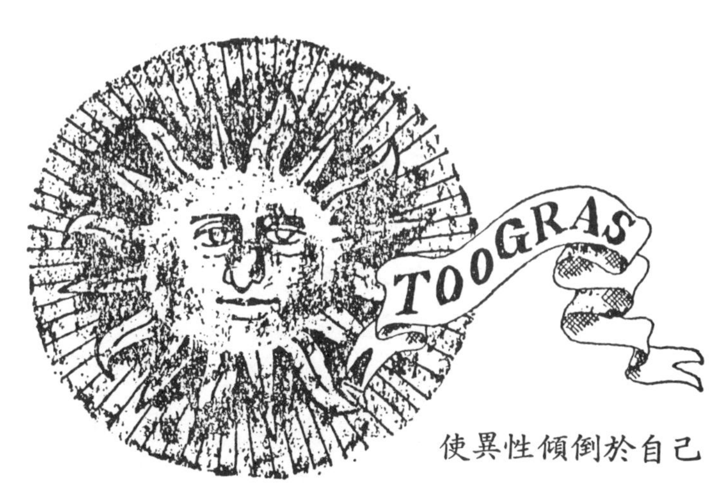

使異性傾倒於自己

二骨死界的咒法

倘若你有令自己很痛恨的情敵，首先可以先準備兩隻熊的前腳，一隻深埋於地中，必須在過冬至之日前藏於地下。另一隻前腳則以烈火寫上對方的名字。並且加寫 ål' bmut mui' taleddje juo du vuol' gàn 而後沉於湖底。如此對方再也不會阻擋你的去路。

◆熊的前腳只要準備兩小片即可。

◆其中一隻必須於冬至日前藏於地下，一直到冬至日過，期間不能讓人看到。

◆湖大小均可，骨片若放於顯眼的地方將失去效果。

典笈出處

● ål' bmut mui' taleddje juo du vuol' gàn 指趕赴死界之意。

此乃白人尚未涉足北極圈時代，於極圈非烏露克所流傳的故事。

近北緯七十度在此高緯度地區的夏日，日夜都是白晝。空氣清新一片靜寂。放牧馴鹿於原野的男孩們，各個獨立心強，十六、七歲就已經長成大人樣。彼拉克及陸歐二位年輕人感情相當要好，彷彿兄弟般。二人力氣、勇氣在伯仲之間，於是兩人商量絕不相互較力競爭，遇有困難必定合力克服。

十七歲六月那年，二人如往常一樣於原野上追逐放牧馴鹿，他們行四、五十公里，一點也不以為苦。

離他們所住的村落大約一百公里，某個小部落的湖邊。

在此地他們二位碰到了一位美麗的姑娘，此時兩位同時愛上這個姑娘。

於是戀情開始介入兩位男士的友情中。

兩人雖然仍像往常一樣見面，但彼此心中（任何人也不想抽身禮讓）都抱著此種心態。

兩人已經不再共同行動了，猜疑心替代了他們的友誼，終於彼拉克到雪地放牧時，陸歐開始施「二骨咒法」。

他按著咒術所有的步驟施行。其效果就像古代傳下來的效果一樣的可怕。彼拉克遭狼襲擊半身不遂。左腳腿肚幾乎被狼吃掉露出骨頭來。而右眼被狼爪所抓，完全喪失視力。

更悲慘的是彼拉克的生殖器被狼吃掉了。

終於陸歐把女孩據爲己有。

之後就再也沒有彼拉克的消息了。

後悔施咒的陸歐之後也不知其跡。

果實的淫咒

倘若你愛戀某位男士，但又得不到他的回應時，以自己小指的血於紅色熟透的蘋果上寫上自己的名字，另外加寫ORSA-FORSMA。如此男性就會開始戀慕於你。

◆蘋果必須是紅色。

◆用縫衣針或者是別針輕刺小指取血。

◆寫自己名字不需全名，姓氏即可。

典笈出處

●此咒法稱爲「果實的淫咒」源於歐洲中部。

●ORSA在拉丁語上有初次或語言的意思。而FORSA是FORSITAN（恐怕）的縮寫。FORSITAN仍經由FORS（偶然）此字而來。

●此咒法僅女性對男性施用有效，男性施用於女性則無效。

瑪莉娜突然想起四年前自己丈夫對自己求婚的往事。

瑪莉娜的丈夫陸德本來心儀的對象是烏魯利卡。周圍的人也都認爲他們兩人的愛已到了成熟的境界。

瑪莉娜也認爲他們很相配，然而，每當看到他們親密時，心中雖然希望他們幸福，由於嫉妒心作祟加上她也很喜歡陸德，因此心中一直盤算著如何才能自友人烏魯利卡手中得到陸德。

忠於自己的慾望瑪莉娜可說是現代女性的特徵。

雖然如此，他仍然不願傷害烏魯利卡。

她思索著「該用何種方法才適合呢？」突然她想起昔日祖母曾告訴過她好幾個咒術的故事。

於是瑪莉娜開始利用紅透了的蘋果寫咒文施咒法。（此時正好是十一月初）

咒文起了效果，第二年春四月，她終於和陸德結婚了。

催淫印咒法

倘若你非常思慕對方，然而對方並沒有感應到時，你可以於桌布反面寫上 IPA：PIPA：EDULA：VEL：EDULA： 接著使對方靠著桌子。

如此您的女愛人將會產生睡意，並且答應您上床的邀請。

◆任何材料的桌布均可。

◆桌布背面所寫的字絕不能讓對方看到。

◆文字必須一行寫，不可分行。

◆文字大小和咒術效果無關。

典笈出處

●此咒術稱爲「催淫印」，主要是男性對女性施用的咒法。

●此咒術效力一看是無法了解效果有多大，其效果就隱藏於這些深奧的文字中。

●此咒文原型必須追溯自希臘時代。

帕得琳的雙手緊抓著床單，口中不斷發出低低的呻吟聲。

近十二點了，街道車流不絕，汽車喇叭聲不斷地傳入四樓的房屋內，溜進帕得琳張開的兩腿間。

一九七三年六月，塔布寧城被夏天的氣息點綴得綠意盎然。

「儘管如此，像他那樣的男人……」

帕得琳腦中突然出現這樣的念頭，然而只一會兒這種想法就被擴散於全身的快感所取代。

像他這樣的男人……這個他指的是唐‧馬克尼。帕得琳把腿張得更開，腦中又開始想別的事。

唐認識帕得琳是在四月份左右的同學會上。此時同學們都已經是二十五、六歲的年輕人。帕得琳是唐的朋友強尼的妻子。「她是一位非常了不起的女性」唐一見她就非常迷戀。

唐於是藉口商業買賣到塔布寧城會見強尼，然而其實他醉翁之意不在酒，眞正的目的是想見強尼的妻子帕得琳。

雖然唐非常喜歡帕得琳，可是帕得琳却無視於他的存在。「討厭的男人，強尼怎麼會有這樣的朋友。」

唐滿頭金髮，舌頭像蛇般來回伸縮於帕得琳的私處。

「更………更慢點！」

帕得琳張開雙手抱住唐的頭。整個人被唐環抱著，帕得琳整個臉向後仰著。

「難爲你了！但感覺蠻特別吧！」

帕得琳一邊和同伴喝咖啡，其中一位同伴這樣說道。

「應該有更好的方法吧！」

「唐，你太慌張了。」同伴這樣說著。於是教唐用奇妙的咒法。

實習的機會終於來了。

「今天我先生出差不在家。」

電話中帕得琳的聲調極冷淡。

唐簡單地吃完飯，接著順利地訂到飯店貴賓休息室。

「他是先生的朋友即使失禮……」帕得琳的心中已經接受了他的邀請。

在唐滔滔不絕的言語中，時間很快地溜過。

「再一杯如何？」唐向帕得琳勸酒，酒精使她解除了緊張。

「不知怎麼了，好想睡覺。」六月輕爽的涼風輕拂帕得琳的臉頰。

唐的男性器官已經聳大，而另一方帕得琳則一邊喘氣一邊輕扭腰肢。帕得琳弓起身體讓唐進入她的體內。

飯店的休息室是做生意使用的。

「桌巾怎麼被胡亂寫成這樣。趕快拿去清洗。」

飯店經理抱怨著。

「實在很傷腦筋。」

某一位服務生也接著抱怨。她突然想起曾經有一位想睡覺的女性和一位盡是向那位女士獻殷勤說好聽話的男士坐在這裏。

「好奇怪的文字。怎麼唸呢？E—P……」

另一位服務生也開始唸。

魔煙的咒法

不知何故，沒有男士追求妳時，換言之不走桃花運時，此時妳挖出生魚的心和肝放於火上燒，隨著冉冉上升的煙一起，妨礙妳的惡魔就會離妳而去，妳就會開始走桃花運有異性緣。

◆任何種類的魚均可。但必須使用生魚，否則沒有效果。

◆燒火時為了使它產生煙，最好選用易燃的紙包於外來燒。

◆另外滴一、二滴香水於火上效果更好。

典笈出處

●自古人們就知道某種惡魔怕煙。

●古代的波斯利用煙來驅逐惡靈。此種咒法後來更擴大及於希伯來世界。

●為什麼使用生的魚心和魚肝呢？有種傳說認為某種魚具有毒性，此毒性化為煙可以驅惡靈。

昔日緬甸國有一位名叫莎拉的美麗女孩。

莎拉被名叫阿益修馬的惡魔捉去。阿益修馬後來成爲惡世界憤怒及邪惡王者的第四把交椅。

阿益修馬毫無理由陸續殺了七名和莎拉先後有過婚約的男子。

然而阿益修馬始終是害怕魚心及魚肝所焚燒出的煙，他終於被煙驅趕而離開莎拉，從此不再糾纏莎拉。

由惡靈處解脫出來的莎拉不久就有戀人了。

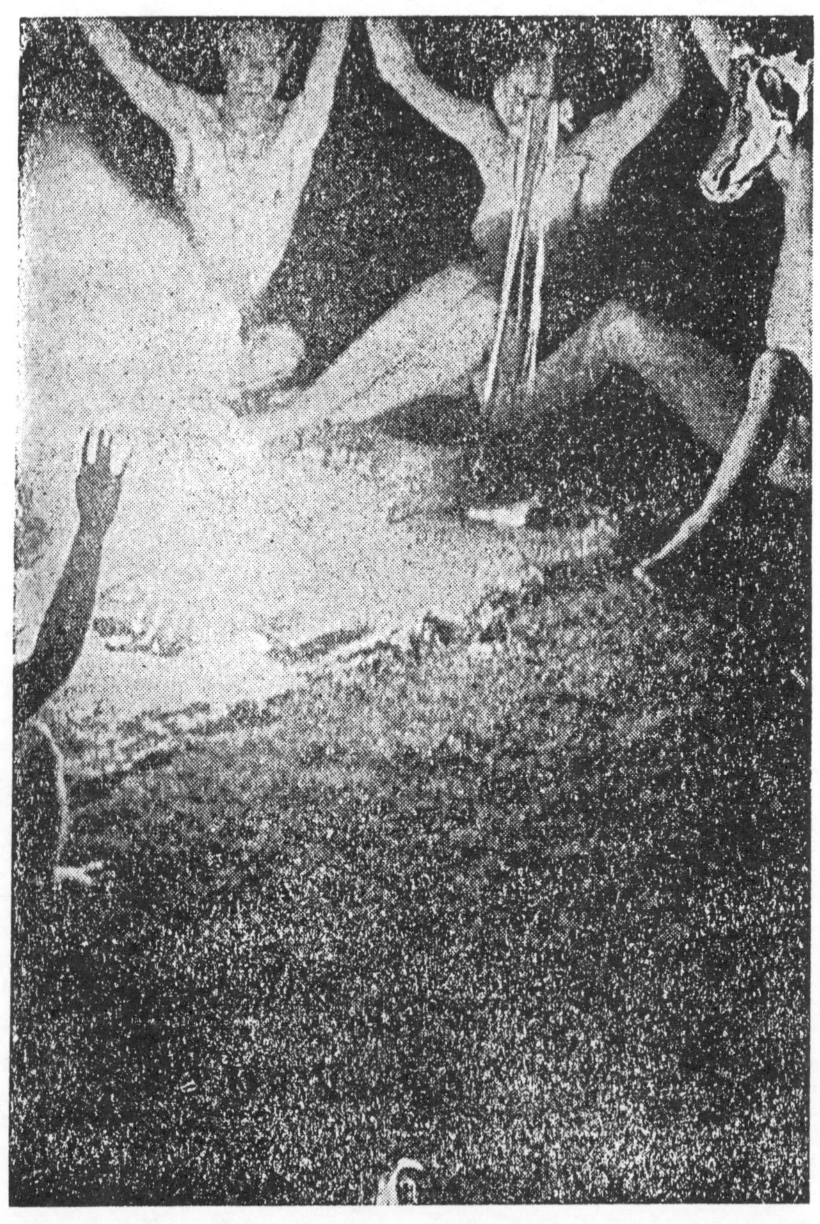

如果你想使離你而去的戀人再度回到你的懷抱，把屬於戀人的東西置於左手，右手則持金圈。

五指的咒法

接著可開始施展「五指」秘術。

而後由你的房門口一百零七步走向戀人的方位，接著金圈丟於地面，如此戀人會被神秘力量引誘回到你身邊。

◆「五指的秘術」①首先張開右手置於自己臉前。②拇指置於手掌中央。③首先中指合併於拇指，接著小指合併於拇指，最後食指與無名指合併於拇指。

◆每合併一次指頭則唸一次對方的名字。如此反覆十次。

◆所謂戀人的方位，指的是戀人住所的方向。

典笈出處

●此秘法稱為「五指的咒法」也稱為「金圈引誘術」存在於希臘時代。

茜努二十歲時認識了威魯，兩人持續了二年的感情，如今茜努已經二十三歲，一年前二人因口角威魯離開她，至今她始終無法忘記他。

德魯德姆附近的哈健街是一條不很大的街道，威魯的種種傳聞在此地偶爾可以聽到。他希望回到她身邊有此一念頭，乃是因爲茜努施了「五指」秘術。

五日後茜努在後里街的音樂會中突然遇到了威魯。

對於古典音樂根本沒有興趣的威魯竟然來到音樂會場實在不可思議。音樂會結束後他說：「突然想起妳，好懷念妳。」接著又說：「二、三日前開始就覺得好想妳。」

茜努總覺得有某條看不見的線綁著他二人。

二人再度見面終於步入禮堂。

倘若希望奪取別人的女人，把犀牛角丟於地上，秘密飲食甘草及松精，而後把你的想法寄託給天道蟲施放於宇宙。如此女性的戀心就會離開她的男人，轉移到你的身上。

天道蟲的誘咒

◆磨成粉末的犀牛角也可（粉末可以去中藥店買）。

◆甘草根磨成極少量的粉末，加入半茶匙等量的松精，另外，再加上五c.c.的水混勻，一口氣喝完。

◆施放天道蟲時必須唸著所思戀女性的名字（例如「使××成爲自己的人」）。

典笈出處

●「天道蟲引誘秘法」適於男性對女性施用。

●把天道蟲當做思戀的搬運蟲，古代羅馬帝國某地方非常盛行。

●此咒法源於南歐。

●任何種類的天道蟲均可。

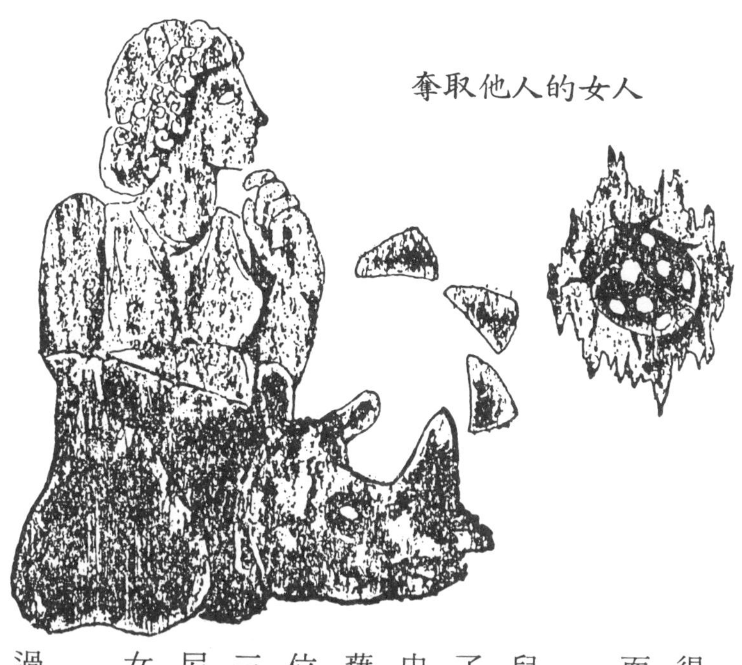

奪取他人的女人

強大的羅馬帝國時代有一位名叫盎得尼歐的年輕人。他有豐富的知識，然而却出身於貧困的家庭。

某日他在狩獵中一眼瞧見富商的女兒，心中十分愛戀。然而對方却已經有了婚約。盎得尼歐十分懊惱，最後決定忠於自己的感覺，還是要那個女孩。他藉由別人教他的古老咒法，決定奪取那位女孩。天道蟲飛著，此戀蟲乘著風，三日後回到那位女孩身邊，傳達完盎得尼歐的思慕之情，而後斷氣死亡。那位女孩的未婚夫不久另有他戀。

天道蟲傳達了倘若二人結合必定會過著幸福一生的訊息。

滿月的咒法

如果你想除掉情敵，如圖所畫在正三角形紙張畫上頭頂有尖角的人像，在此人像張開的大口處寫著

Sperma,
perma
erma
rma
ma
a

於滿月夜時埋於地下，如此被詛咒的人就會變成男色魔。

◆埋於地下的紙張不能被人看到。

典笈出處

- 此咒法稱爲「色男咒法」或稱爲「滿月咒法」。主要用於男性對男性。使對方男性成爲同性戀者，離開自己所戀的女性。
- 所謂sperma指的是精液，男色魔喜好嚐精液。
- 其起源乃是源於中世紀的黑魔術。

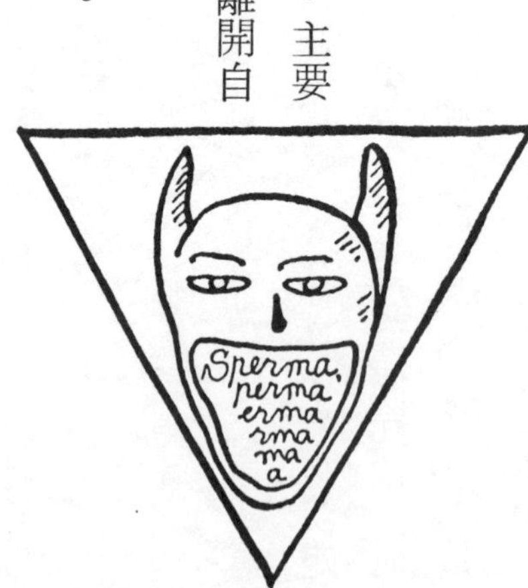

強魯西・N因為他所住的地方內亂，於是移民到瑞典西部某都市。他後來歸化成為瑞典國民，並與二十一歲的莎士汀有婚約。後來被深愛莎士汀且和莎士汀持續有來往的男士彼得魯施「色男咒法」。

強魯西起變化是在被施咒一個月後左右。

他以新進人員的身份進入公司，後來被公司名叫耶利的年輕男人所吸引。

二十六歲的強魯西完全不知自己有同性戀的傾向。

然而一旦自己有同性戀傾向，當然對莎士汀興趣缺缺。

終於莎士汀解除了雙方的婚約，現在，強魯西和耶利及其他同性戀者阿魯發同居。

施咒後約三個月彼得魯自強魯西手中奪回了莎士汀。

倘若你不想讓自己與異性的戀情公諸於世，於事情要斷不斷時，立刻把曾有的秘密畫成逆八字印，於分別時背對對方，鉤畫十字印。

逆八字的印咒

如此惡運絕不會降臨你身上。

◆逆八字印如左圖①所示。

◆鈎十字印如左圖②所示。

典笈出處

●當你有不想爲人知的把柄，特別是這個把柄公開後會產生不良後果，爲了阻止它的發生，運用逆八字印最爲有效。運用此簡單的逆八字印，事情就不會繼續發展下去。

●倘若背對對方沒有鈎畫十字印，則效果等於零。甚至連逆八字印也無效。

●此咒法源於中世紀的東歐。

①

寫逆八字印如左圖

②

寫鈎十字印如左圖

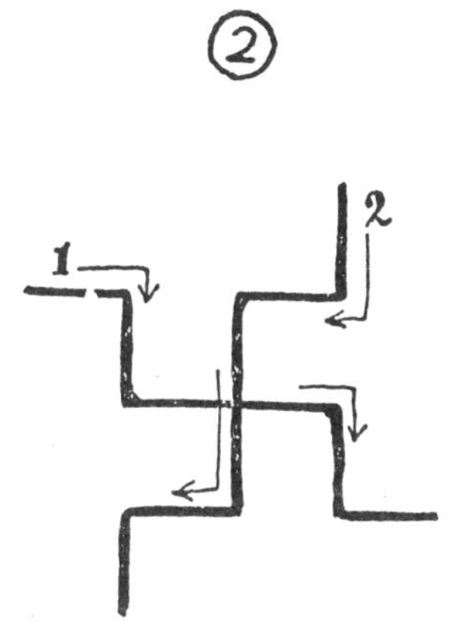

男性個性輕浮不定，會使他的社會地位動搖。

住在馬德里特的龔沙利先生就是最好的實例。

他利用白天的休息時間，和年輕的女性作樂。妻子再三的爭吵不休，家庭生活亮紅燈，間接地影響這位部長的工作能力。

男人經常和妻子約定「絕不再犯」。然而輕浮是一種心病，光是口頭上的約定仍然改不了。

大家常說失敗是成功之母。

如今龔沙利先生使用了咒法，使他樂於自己輕佻的個性而不會被人發現。

風眼的咒法

倘若你不想和某人在一起，可施用下列的密術而分手。

選偶數安息日之初，剝下樹皮，以血色寫上Ogon Stangas Stangas Ogon，而後貼於風眼，以後你就能安穩過日子了。

◆安息日指的是星期天。於偶數星期日行密術。

◆任何樹木均可，血色即紅色之意，用自己的血當然最好。

◆所謂風眼指的是窗。

典笈出處

●想和異性斷緣可使用此種咒術「風眼的咒術」。

●風眼是北歐古代語，vinduga　風進入的口（看起來很小＝窗），英語中window也是由此而來。

●咒文是「眼閉、閉眼」之意。

●閉眼則緣斷，此咒法起源於古代北歐。

和討厭的對方分手

於阿姆斯特丹從事旅遊業的弗魯先生，老早就想和沒有愛情的妻子分手，然而分了好幾次都沒有結果。

妻子意志堅決，怎麼也不答應。

對於三十五歲的他，絕望於自己的人生難道就這麼斷送掉嗎？聞到他的困惱的友人酋達亞，於是教他此密術，勸他「就算不信也沒有關係試試看吧！」

他於是貼此咒符於自己窗前。不久情況好轉，妻子竟然提出離婚要求。至於財產分與，則以男方來決定。

第四章

避惡的咒法

——避開危險、遠離不幸

●與其說我們周遭充滿危險，不如說我們的生活環境本身就危機四伏。

隨著公害、光化學煙霧、寒冷化現象及人口暴增所帶來的糧食危機等，只不過是顯示人類危機的少部分。

除此之外，我們也常面臨危險。

有時雖然很留神也會出車禍，小心走路時，也有因突然一陣強風使東西掉下來而致命重傷的可能。

本章節所要說明的密咒，就是要教你如何渡過這些危險。

很多人認爲天災是無法避免的。但實際上，自己是可避免天災的。

雖然有很多人不幸發生了重大的交通事故，

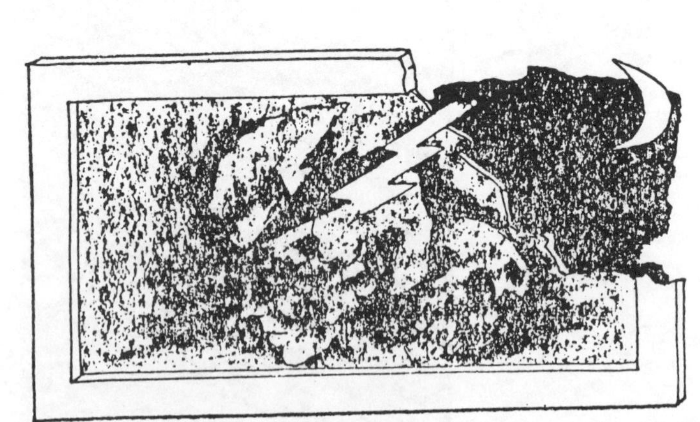

但幸運地沒有同乘而逃過劫運者，也大有人在。

無論天災或人禍，只要使用咒術，則幸運將跟著你來。咒術將引領你通往安全之道。

●避免危險的咒術，也能在人際關係上發揮效應

例如：就犯桃花而言，在社會上，有與壞女人發生關係，每次都蒙受其害的男人，反之，也有遇到壞男人而導致自殺或離婚，宛如有人在暗中施咒之經驗的女人。

此時可施行避免犯桃花或停止不幸事情再發生的咒術。遠離危險，開拓眼前的坦途。

●物災種類之危險

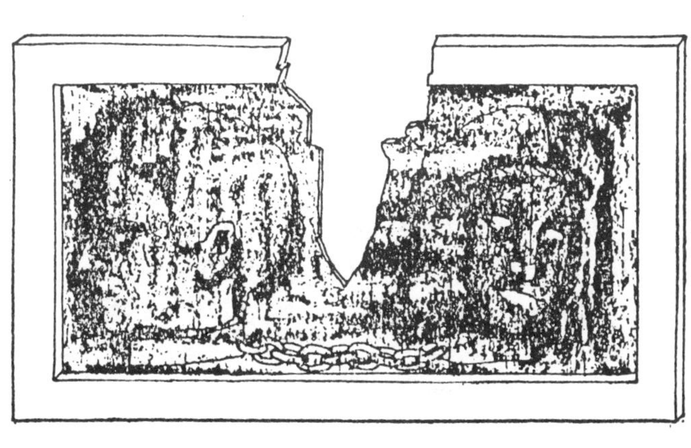

其典型之例是風水。總覺得有意外要發生，卻不知道會發生什麼。但是住在這棟房子就是不順利，其係因風水不佳所致。不同往昔，現在要改變風水並不是件簡單的事，所以購買房子是人生大事，一定要仔細調查風水後，才能做決定。

如果因搬家、購屋或新居落成等原因，而搬到新家之後，若發生不幸事件，應馬上施行使風水變好的咒術，如此才能逢凶化吉。

總之，世界上幸與不幸，好運與惡運，安全與危險等都是相對存在的，兩者之間微乎其微，「危險乃避免不幸進入坦途的里程碑」。

施行咒術，可使你迅速地獲得安全。

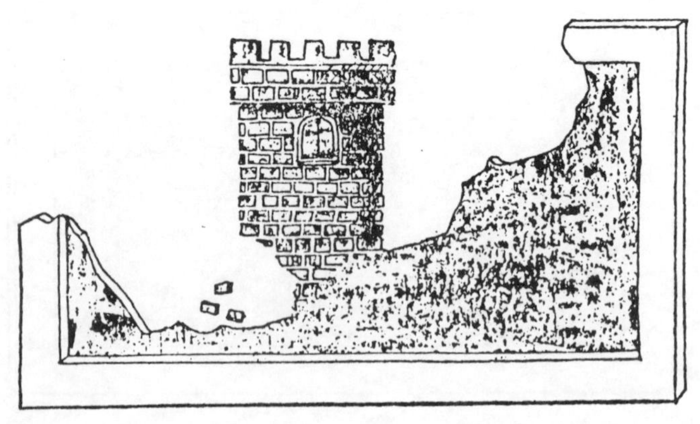

幸運的符咒

如果你災禍臨頭，請製作以下之秘符，繫在你未曾走入之地的樹枝上。這樣便能消災解厄。

◆咒符應使用純白的紙製作，以在晚上製作最適宜。

◆首先，請將白紙縱向折三折，再將右三分之一向左邊折，再重複將左三分之一折到其上，咒符即完成。

◆所謂未曾走入之地，指不曾走過的地方。

◆繫到樹上時，不能被人看見。

典笈出處

●相傳「幸運（FORTUNA）符咒術」，在羅馬時代就有了。

●FORTUNA 是幸運之意，其七個字母中，隱藏著開運的神秘力量。

FORTUNA
ORTUN
RTU
T
UTR
NUTRO
ANUTROF

幸運的秘符

在多倫多擔任中規模公司董事長助理的庫帕先生，因工作效率不佳，而被降調爲系列公司的經理，但「塞翁失馬，焉知非福」，正當該系列公司知人善用的董事長在物色新人才時，庫帕先生卻能因此而行大運。

如果在前一個公司中，他頂多只能做個幕僚人員，然而，現在庫帕先生已是大企業的副董事長，並得以施展才能。

當然，有這麼大的成就，一方面是由於自己的努力，但另一方面卻是得助於幸運的符咒，這是法裔加拿大籍的祖母教他的。

五輪的符咒

在你的住處有災禍時，請製作二個五輪靈符，分別貼在出入口及朝北之方位。如此即可袪禍納福，帶給你美滿的生活。

◆請依下述之方法，正確地製作靈符，並將靈符貼在房子的入口處及房子朝北的房間內。

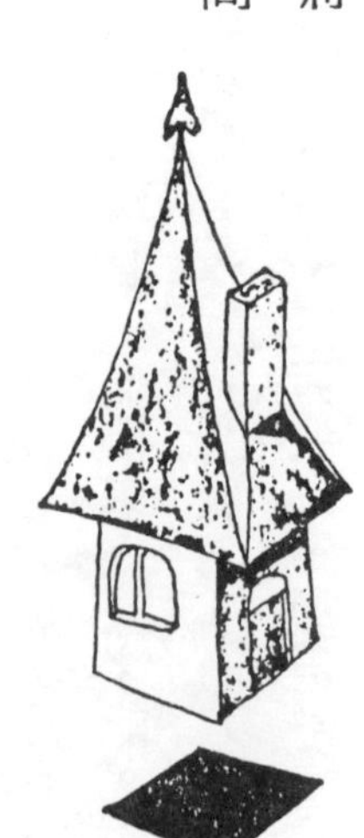

典笈出處

●本咒法原本是古代北歐的符咒，係由咒文變成咒符的，具有很大的效應。

●災禍逃不過五輪，且二個三角形與十字之力，可使我們逢凶化吉。

●「五輪的秘符」乃指其咒文。

五輪的秘符

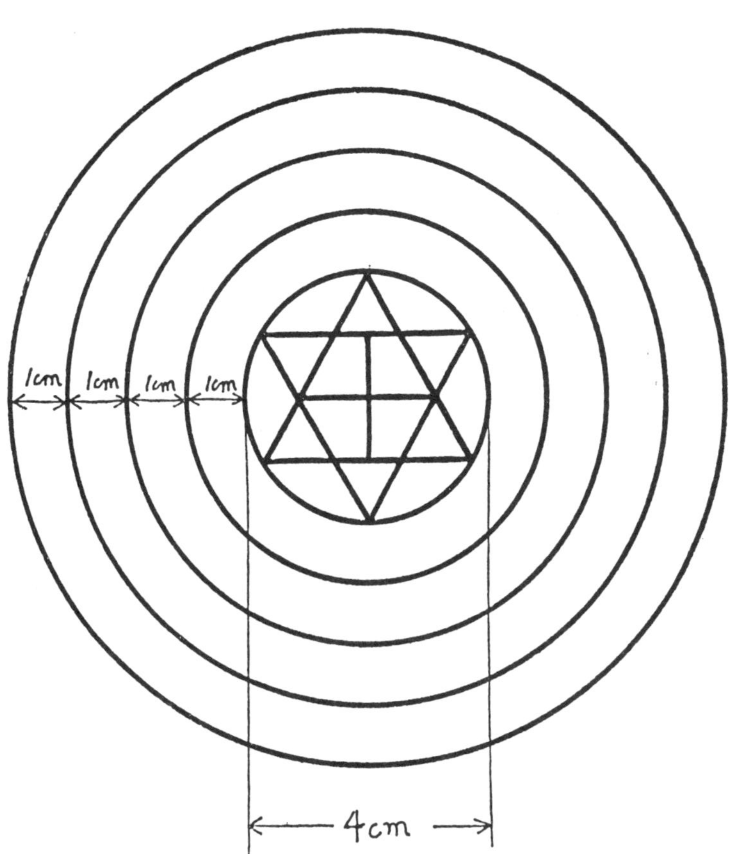

風水（aspect of a house）問題並非僅存於東方，住在德國北方法蘭斯布魯克市的萊斯納一家人，剛搬新家不久，就遇到交通事故，幸好只受輕傷，因此而置之不理，但最近，十五歲的長子却又從樓梯上滾落而跌傷了腳。

更令人擔憂的是太太的健康情形也起了變化，經濟狀況雖然不錯，夫妻的感情十分融洽，但太太却變成神經衰弱，萊斯納太太在接受治療時曾對醫生說，每次當她打開二樓的更衣室時，就覺得混身不對勁。

萊斯納先生本身也有相同的經驗，甚至小孩也有，而且，其中有一個孩子，只要在那間房間更衣，當天晚上必定會惡夢連連。

另外，有一天他的長子也在那裏更衣時，却感覺到有某種魔鬼般的眼神在注視著自己。

此後，他不是肚子痛，就是撞上車，或骨折，總是會發生許多不如意的事。

萊斯納先生對於超自然的神秘力量頗感興趣，因此，就製作五輪的符咒，施行後，不僅治好了太太的神經衰弱症，更衣室不愉快的幻境也不再發生了。

消除厄運的咒法

如果你想巧妙地避開凶年，則準備一個正三角形的容器，將水晶球放入容器內，點上蠟燭，在三角形紙張的每個角滴上蠟油後，牢實地把它封好。然後，在每個月的初一誦讀下面的咒文。「塔魯姆（Talmu）、布魯姆（blum）」，如此口誦咒文，就可以順利地消除厄運。

◆水晶球不侷限其形狀及大小。

◆正三角形的容器（下圖），完全封好。

◆咒文在凶年每月施行，一年十二次。

典笈出處

●凶年，在日本根據陰陽道（虛歲），男子是四十八歲，西洋的凶年，初厄是七歲，大厄是六十三歲。

●根據「避厄之水晶秘術」之說，本咒法原是吉普賽的其中一派所使用的。

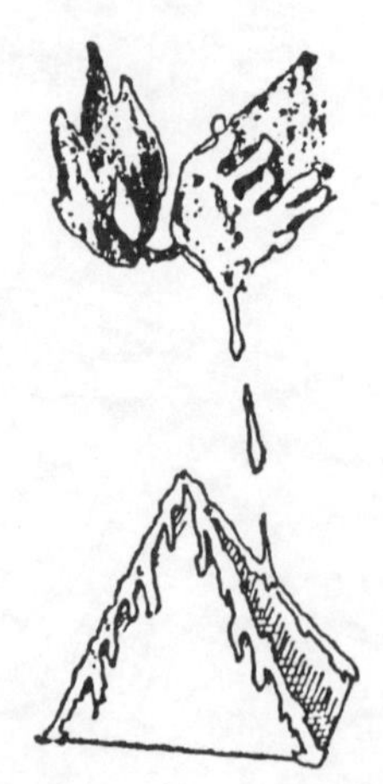

挪威西海岸聖丹尼斯街上，一位六歲的小女孩蕾貝卡，自幼即罹患結核病。因其極虛弱的體質，而終年臥病在床。在一九一〇年代，尚未發明利用抗生素，根據醫生的診斷，結果顯示蕾貝卡將不久於人世。

直到七歲那年，蕾貝卡有了可以存活的迹象。走出戶外，感受春天的來臨，此時，蕾貝卡的母親，從住在鄰街斯達文耶魯，外號「巫婆」的女人那裏，得知水晶球避厄的符咒術。

當時她的父母只是抱著姑且一試，即使是徒勞無效亦無妨的心態，並迅速、積極地進行。

施行符咒後，蕾貝卡的病情，頗有轉好之勢。經過六個月之後，其父母親已從蕾貝卡的臉上，看到了開朗的笑容，到了十一月，外面已是白雪紛飛了。

母親說：「今年將會有一個快樂的聖誕節。」

一邊裝飾著聖誕樹，一邊望著蕾貝卡，心想著——蕾貝卡將慢慢地成長茁壯，進而邁入幸福美滿的婚姻生活。

十字印的咒法

如果在穿越人行道時遇見黑貓，這將是個不幸的前兆，因此，爲了躲避不幸，須在地上吐三次唾液，再用手橫劃十字印。這樣不幸自然就會消失。

◆十字印，首先須彎右腕肘，右手立直，再與左手交叉。

典笈出處

●據說黑貓是個不祥之物，因此，當我們偶然遇見黑貓時的應付方法也很多，但其中以此「十字印咒法」效果最好。

●十字印具有降伏惡運的神秘力量。

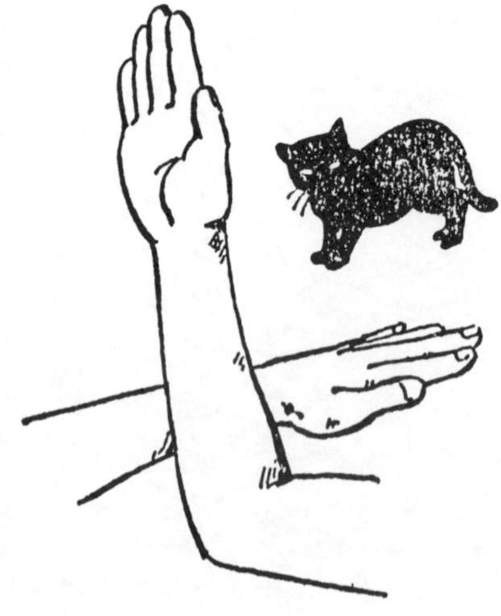

黑貓的數量雖然不多，但是，當我們看見牠時，就會有一種不祥的感覺，而且這種不祥之經驗常會發生在自己的身上及周遭的事物。

一九四六年的冬天，那年我十歲，正值學校放寒假，整天沉浸於戶外遊戲。在瑞典中部的威魯姆蘭德，到處都散佈著小池，有一天，我與夏斯頓在離家最近的池邊溜冰。

途中，我們遇見了黑貓，我立刻施行咒法，但，夏斯頓說：「別作那樣無聊的事。」而不加理會。

到了溜冰場，不到五分鐘之後，突然有「糟糕」這樣的呼叫聲。

夏斯頓已掉到池裏了，雖然只不過是個小池，深度頂多才五十公分，但却是出乎意料地，此時因爲是冬天而覆蓋著深厚的冰層，且大部分都已裂開，夏斯頓亦因此而掉進去。

夏斯頓已升上高年級了，却因此而罹患肺炎，而必須於春季學期中休學。二年後，再見面時，當時的事故已變成彼此的話題。

單眼的咒法

如果你被壞女人纏上，而欲擺脫時，在滿月日之翌晨，太陽未昇起時，在紙上畫單眼，並以銳利的尖針扎刺三次，再唸如下之咒文。

「你下地獄，遭受不幸」，接著再刺三次，同時在口中唸「沙魯庫（salku）、歐斯達（osta）、姆魯（polu）、黑魯肯（helken）、塔里斯（talis）、米艾魯蝎夫夫（vielsefufu）」，然後將寫上對方姓名的紙丟掉，如此必能使你順利擺脫桃花刼。

◆滿月日之翌晨，若下雨，則不宜施行此咒法。

◆所有的咒術均在清晨進行。

◆眼睛如左圖般繪製。

◆針以縫紉針爲宜。

◆扔掉對方姓名時，應凝視眼睛，集中憎恨，口唸「分手」。

典笈出處

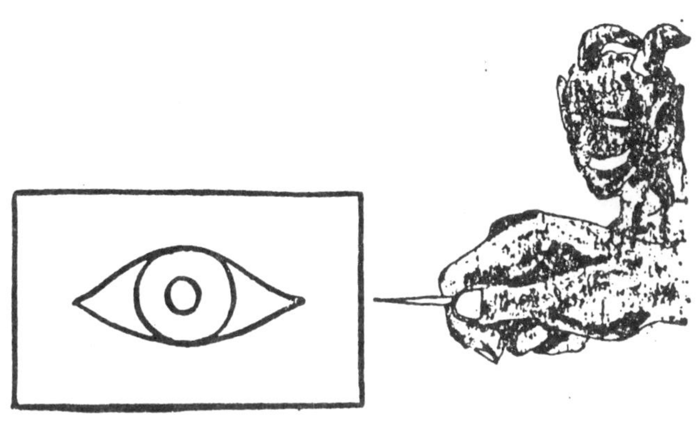

●此咒法稱爲「單眼的咒法」，係爲了擺脫桃花運的咒法。

●相傳其起源於中東，但尚未被確實。

●咒法之效果是用來與女性分手的，但女性不會因此而遭受不幸。

住在安得瓦布市的拉巴路特，有一種如走鋼索般，戰戰兢兢的心境，因爲他與年輕的雅利安如（十九歲）有了不正常的關係，現年三十二歲的拉巴路特，是個花花公子，三個月前認識了珍妮，並與之結婚。

但，婚前行爲到目前仍未結束，過去與他有過親密關係的女人中，唯與雅利安如的交往仍續著，而帶有纖細、神經質的珍妮，若知道他與雅利安如的關係，則必定會有一場大風暴，因此，拉巴路特決定要結束與雅利安如不正當的關係，他也很後悔與小女孩發生關係，而厭惡自己。

他有一個朋友，是個咒術研究家，知道他的情形後，就善意地教他施行「單眼的咒法」，二個月後，拉巴路特與珍妮一起外出時，遇到了雅利安如，他與新交的男朋友在一起，得助後的拉巴路特，有一種釋懷，不再被糾纏的感覺。

擺脫桃花運
單眼的咒法

紅面具邪眼的咒法

如果你想遠離邪惡者，可藉助於紅面具之邪眼，如此，邪惡者將會因邪眼的魔力而確實遠離。

◆邪眼之符咒術應使用下面的紙製作。

◆在上面部分塗黑。

◆眼睛部分塗紅色。

◆裏面寫上對方的姓名。

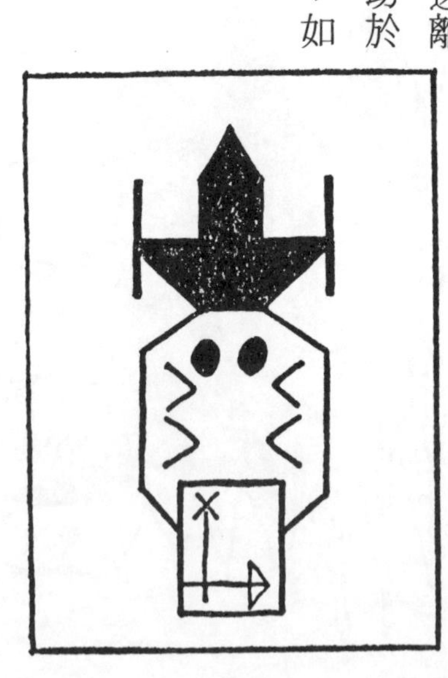

典笈出處

●相傳是由古代宗教杜思伊教傳流下來的。

邪惡確
實遠離

此咒法係將「紅面具邪眼的咒法」帶在身上，將可發揮其效果。

而製作符咒的過程以在夜間進行最適宜。

據說本符咒原本是中世紀時，英國威爾斯某個異教的聖職者，爲了遠離誘惑自己的魔人而使用的咒法。

在旅途中，如果你希望平安無事，避開任何的意外或麻煩時，宜製作此護符，帶在身上。但在旅途中，若被人看見這個護符時，將會有反詛咒，產生災難，所以應避免被旁人看到。此護符頗爲靈驗。

黑十點的護符

◆護符如圖示製作，製作時不可被人看到。
◆爲考慮攜帶方便，護符宜小。
◆材料宜使用紙，以前用洋皮紙，因其較不易破裂，所以頗爲方便。
◆在裏面寫上自己的姓名，在黑點之下橫寫。

典笈出處

●「黑十點的咒法」，不僅可保佑旅途平安，亦可消除災害。
●此護符乃中世之災時，輾轉流傳的魔術，效果頗佳。

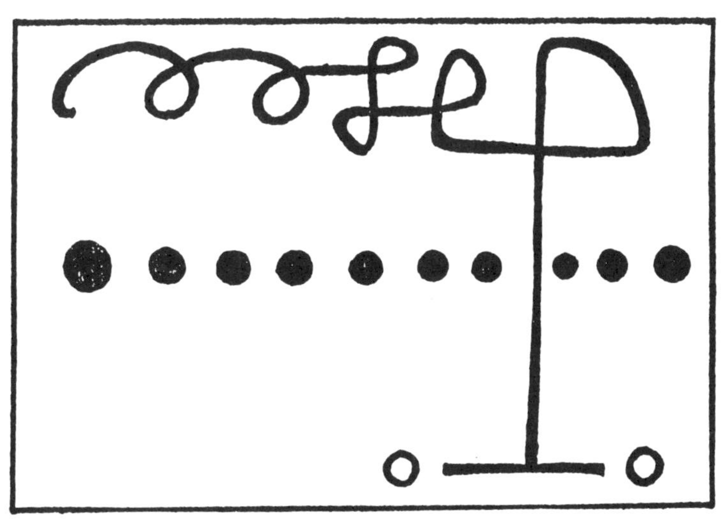

黑十點的護符

諸國比鄰的歐洲，雖然比到其他國家更方便、愉快，但其相對的危險也較多。

就經常周遊諸國的商人而言，首先都會有一種如何確保旅途平安的想法，而這種人最好能利用「黑十點護符」。

現在，大部分都搭乘飛機旅行，其危險性是可想而知的，特別是擔心交通安全的人。對歐洲而言，此護符雖然不太合邏輯，但依然有很多人使用。

遠離壞朋友的咒法

如果你不幸交到壞朋友，而想避免災難時，可在他面前，心中默誦著：「黎明時，將煩惱釋懷，避開男女間的怒吼聲，來迎接世間苦與不幸的今日。」這樣，符咒就會產生靈效，而使你不受對方的糾纏。

◆唸咒文時，應在心中默唸，不宜出聲。

◆交到壞朋友時，或雖不是壞朋友，而在工作上必須交往合作者，應避免與其面對面。

◆遠離他（她）時，宜再唸一次咒文。

典笈出處

●該咒文在中歐是被用來避開惡魔的，以波蘭附近最爲盛行。

●黎明（波蘭文爲Rano），係咒文的開端，藉由惡魔在黎明時驅散敵人的力量，來驅走壞朋友，詞語本身就有這個作用。

住在克拉哥（波蘭南部的都市）的女孩蘇西亞，在她小時候曾有過一個奇異的經驗。

蘇西亞的父親布朗尼克，是一位律師，記憶中父親有位工作上的朋友，名叫斯坦西克，「只要斯坦西克造訪父親，家裏就會發生一些不如意的事情。」

第一次是在我六歲時，當我看到他的眼神時，就覺得他很邪惡，當天晚上就做了可怕的惡夢，然後生病臥床一個星期。

第二次，記得是一年後的事，斯坦西克一年只來訪一次或二次，那時我因出去玩不在家，所以沒有發生什麼事，然而哥哥却因無原無故的腹痛而無法上學。

更令人害怕的是我十二歲的那一年，有一天午後，過了喝午茶時間，隔壁鄰居兩個女孩在我家遇到斯坦西克，當時斯坦西克正與家父談笑風聲，由於我有所警覺而立即避開。

當晚，隔壁的太太即遭不幸，她的女兒，約二十歲左右，原本是個健康的人，却突然發高燒，連續二日後，不幸去世。這些都是我從父母的交談中聽來的，是不是斯坦西克的原因，我就不知道了，只知那個女孩因發高燒而胡言亂語。

數日後，舉行葬禮，在觀禮的人群中，有一位老者突然對我說：「有邪惡的眼睛。」

隨即他的眼光注視著斯坦西克，老人叫我到斯坦西克的面前唸咒文「黎明時，將煩惱釋懷……」，自從我施行符咒術後，斯坦西克也曾數次到我家，但不愉快的事情就不再發生了。

第五章　好運的咒法

——掌握成功、高昇及財富的運氣

●任何人都有想比別人更卓越出色的基本願望，而且這樣的欲望將成爲人們更往上爬的原動力之一。

男人，他會不願屈服於其它男性，更希冀能有個魁偉的身軀及剛毅的精神。女人，就如「女性的敵人即是女性」這句話所形容的，女人往往會在表面上僞裝成和平相處的模樣，實際上，只要稍加觀察，就不難發現她們的心中永遠是洶湧著敵意及嫉妒的漩渦。

況且，女人永遠是希望自己比別人更嫵媚動人，更能吸引異性的注意，總渴望一切美夢均能實現。

身爲學生者，當然希望有個多彩多姿的學生生涯及幸運的一切，更希冀有個相知相愛的男友，進而希望自己能順利地進入理想的公司工作。

倘若你是個上班族，而有欲從公司同仁中出人頭地的想法，那也是無可厚非的。

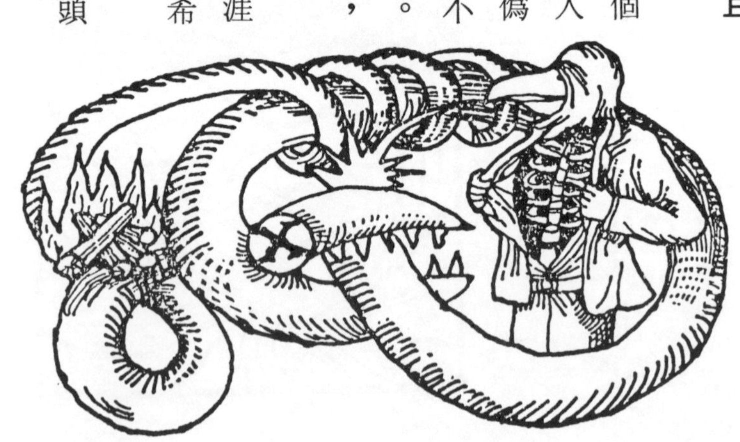

●在世界上，每一件事情的完成，均是由「實力」與「X」相結合而成的，而我們應當瞭解「X」有誇大事實的功能存在的。

無論是在政治或者演藝界，均可說是最典型的例子之一。且說，實力或許是必須的。但是，往往單靠實力是無法萌出芽來的，你只要稍做瞭解，即可得到答案，例如：實力派的歌手有幾百人，但眞正能夠成爲明星級的人物却不及百分之一。同樣地，政治界亦復如此，哦，不！應該說其更甚於演藝界，而把「X」視爲實力才對。

在這樣的世界裏，如能善加利用這些咒法，若能使之成爲己身之物，那事業當然會有很大的成就了。

●賭博是金錢慾的典型表現。

即所謂「勝負須靠機運」，亦即說實力之外的要素，具有很大的運動動力。在決定勝負上，自信心是相當重要的，例如，以人爲因素決定勝負的麻將，即是如此，這也是相當多人皆有的經驗。

就勝負而言，一定程度的實力，實力的集中、好運、好運的維持（即所謂的命運）等，均巧妙地糾纏在一起，若缺其一者，將無法獨得眞正的勝利，易言之，難道會有完全不瞭解勝負規則的人，却積極努力於勝負之事嗎？

因此，問題在於如何將實力集中化，喚出好運，最好將好運留在自己的身邊；爲達此目的，最佳的方法是運用咒法的施展，並且不可懷疑符咒的可信度，因爲誠心、相信是靈驗的先決條件，即所謂的「有誠則靈」，如此你將成爲賭場中的強手。

3

鐵爪的咒法

如果你有擠推對手，進而奪取其地位的慾望，那麼可依下列步驟施行咒法。

首先可用白樺樹的皮，製作成二個玩偶，然後，在其中一玩偶上寫下對方的姓名，另一個玩偶則寫上自己的姓名，將寫著自己姓名的玩偶妥善保存，將寫著對方姓名的玩偶釘在有五爪的鐵板後，將它化成灰即可。如此，你就迅速地立於優越的地位。

◆白樺樹皮的玩偶，如左圖所示。

◆寫著自己姓名的玩偶，絕不可被人發現。

◆五鐵爪用粗的鐵絲製作亦可，或者用馬口鐵板鋸成亦可。

典笈出處

●「五根鐵爪的咒法」。

●依使用白樺樹皮之處觀察，應源於歐洲北部，但確實地點不詳。

●五根鐵爪上，皆施以意志力的符咒，因此對手，特別是比自己更上位者，將可

使其失掉地位，同時使自己出人頭地。

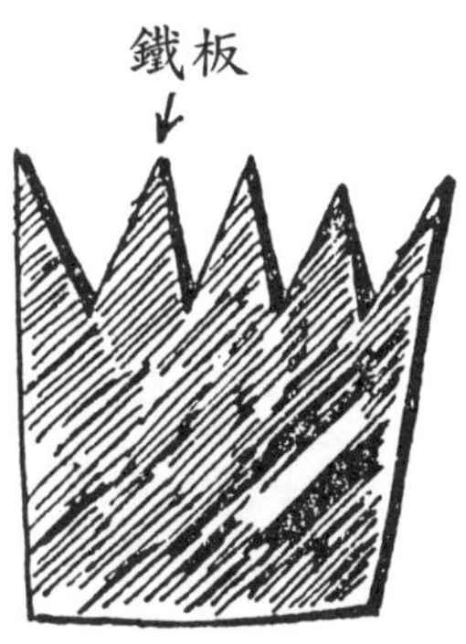

我的朋友T．W現年三十五歲，在衆人皆知的一流企業裏，擔任課長一職，他之所以得到這個職位，便是施行「五根鐵爪的咒法」，即使他有再大的能力，要打倒在位的課長並奪取其地位，單靠他的能力，其艱難的程度是可以想像的。

有一次，他來我的住處拜訪時，談及上班族經常因人際關係的處理不當而感到相當困擾之事，是導致W想使用咒法的原因。

W一心一意想使課長繼續受困於咒法的法力中，不久，課長無原無故患了失眠症；繼而，乘坐的計程車發生追撞，致使課長的身體變得很衰弱，在上司的眼中，原本是個處事熟練，個性圓滑的人，突然間，個性完全變了，變得無法協調、無法溝通。

而這些不可思議的事件，居然是在六個月內相繼發生的。因此，他被判斷不再適合擔任課長一職了。但是在溫情主義濃厚的日本社會裏，他被安排到分公司擔任小課長一職，雖然是個不重要的職位，但這也許是不幸中的大幸了。

W正爲被派駐國外一事忙碌著……。

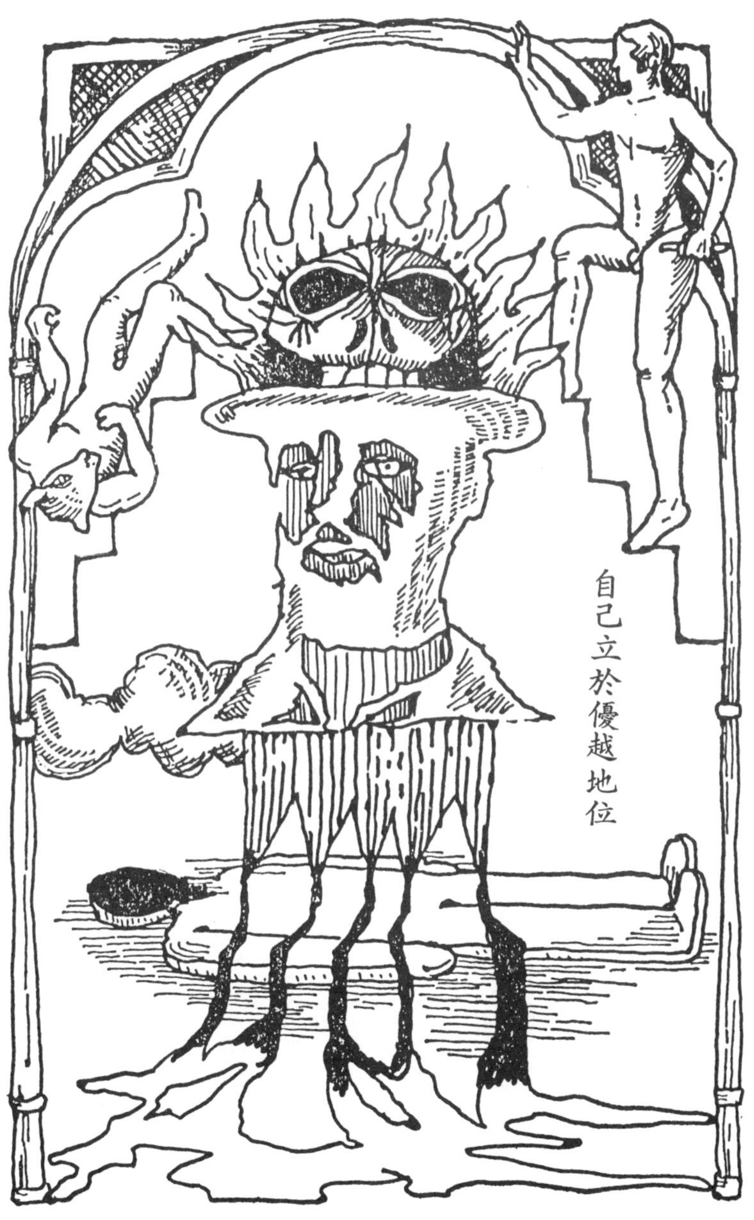
自己立於優越地位

FIKA的咒法

如果你想從危險中及時逃出，或想在很大的勝負之爭中制伏對手，那麼，請以右手握拳，將拇指強力地從食指與中指中穿出，並伸出右手臂。如此，你將可化險為夷，終於獲勝。

◆所謂「握拳」，宜以似毆打人的拳頭為適當，重點是拇指須在食指與中指之間儘可能地突出來。

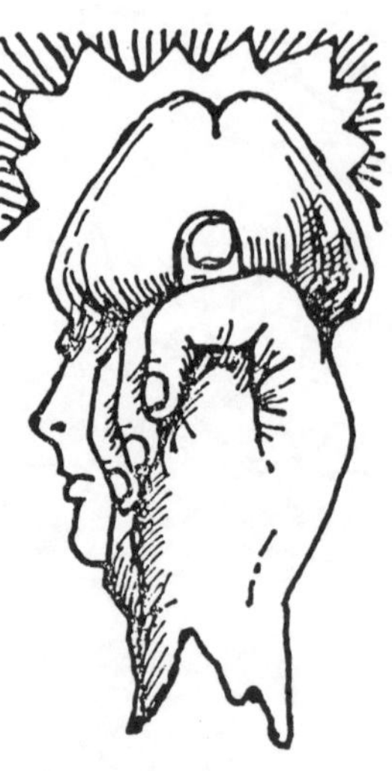

典笈出處

●這種手勢在日本可能會被視為女性的性器，但是，在歐洲則是完全相反，其所表示的是指男性的性器（陰莖）的象徵。

●希臘時代，人們確信陰莖是可用來避開厄運及危險的象徵。

●特別是被稱為FIKA的陰莖符號，在南歐是被用於避開危險、迅速達到勝利之目的所必備的。

因FIKA的幫助，而得以保全性命的故事，不勝枚舉，僅列舉一、二例，以供參考。

住在羅馬，現年二十三歲的青年卡連第，與朋友三人駕車遊玩時，不幸發生車禍，義大利製的飛雅特小型車撞得稀爛，二位朋友亦當場死亡。

然而，坐在駕駛助手座位上的卡連第在巨大的撞擊中，雖然因驚嚇過度，失去意識，及拇指尖受到輕微的擦傷，出車禍後，他的拇指是成FIKA之勢，亦即其拇指強力地突出於食指與中指之間。

其他，如在第二次世界大戰時，在非洲的沙漠中，挖掘捕草魚的陶罐。與裝甲部隊作戰的義大利軍，藉著FIKA的幫助而獲救的故事也是相當多，在戰爭中，正是賭命以爭取最大勝利的關鍵時刻，而FIKA也發揮了很大的影響力。

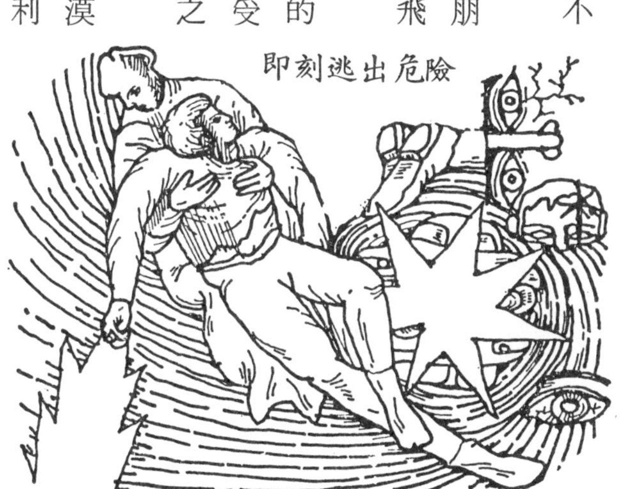

蛇劍的咒王

如果你想走出財運不佳的狀態中，那麼，必須求助於具有魔力的七條蛇劍。

首先，如左圖所示，製作一個咒王，並且將之經常與財物一起攜帶在身邊；在一天將結束時，祈禱明日好運的降臨，如此，你將可以得到開運的時機。

◆七條蛇劍的咒王如左圖所示。

◆請將此咒王經常置於錢包中。

典笈出處

●此七條蛇劍的咒王爲七條蛇的智力與劍的威力所聚合而成的，早在古埃及時代就有了。

●咒王是有助於開運（特別是在當今不景氣的狀態中），並因此而得到大財富。

開運的護符

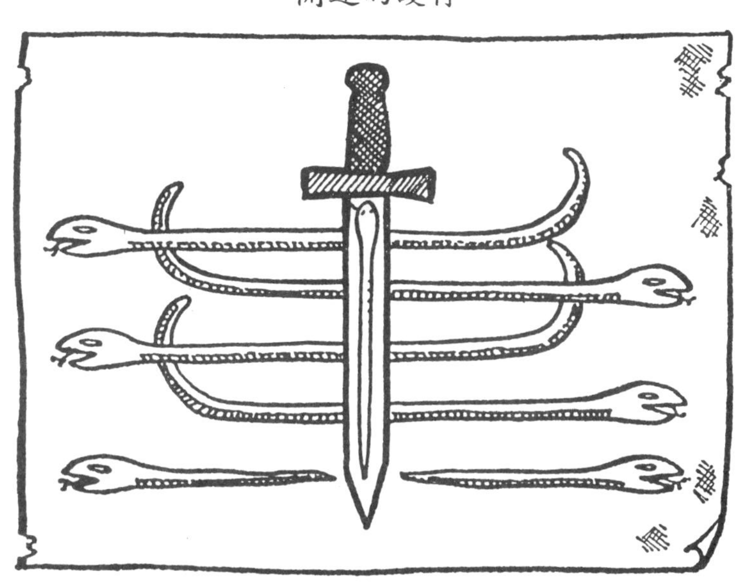

住在阿姆斯特丹的福路帝羅，是一個廣泛擴張事業，完全發揮經營手段的人，而他現今的財富便是使用這個咒法所締造出來的。

十年前，福路帝羅從Rotterdem搬到阿姆斯特丹，先是經營餐館的生意，後來失敗，繼而搞鑽石買賣，終也失敗，當他萬念俱灰時，他接受了吉普賽占術師的建議，才施行這個咒法，在未曾中斷的情形下，連續了三個月之後，他再度嚐試去經營餐館生意，結果生意興隆，大爲成功，至今已七年多了，他仍不斷地在積蓄財富，直到可以買下德國的一個城堡爲止。

兩頭獅子的咒法

如果你想在生意上大展鴻圖，則可製作兩頭獅子的護符，切記！必須每天面對著牠們，在心中畫兩個三角形。如此，你不僅可以克服困難，甚至連命運之女神也會對你微笑。

◆可參照左圖所示，製作成兩頭獅子的護符。

◆代表宿願的兩個三角形，如下圖所示，在心中畫成即可。

典笈出處

●「兩頭獅子的秘術」在羅馬時代，是被用於追溯事物的起源。

●兩個三角形的宿願係表示帶來財運及信任，而且，這兩頭獅子會繼續守護著這個宿願。

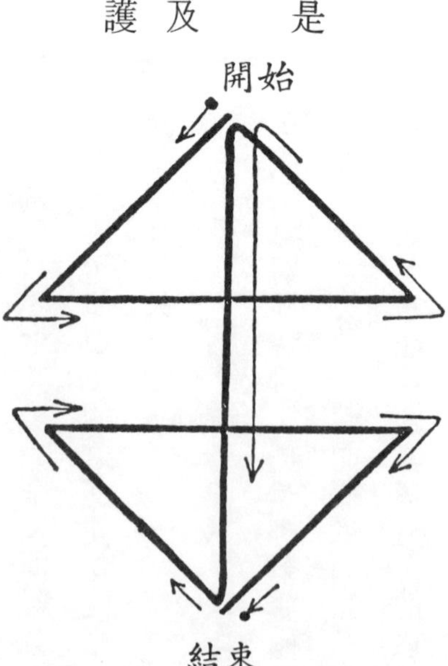

商場成功的守護者　（兩頭獅子的秘術）

在巴黎的參多挪雷街附近，有一位經營高級服飾專門店的布爾・A，他是個具有義大利血統的法國人。

在這個地區裏，想要經營一家商店是件不容易的事，然數年前，A以外行人的身分，從銀行人員轉入商場中，並且做得相當出色，A說這一切完全歸於「兩頭獅子」的保佑。

剛從商的A，不僅一切均不順利，還因此負債累累，在這種情形下，A有一位來自菲蓮芝的親戚，將這個護符教授給A，當時，A是抱著惶恐的心態，姑且一試吧！但是意想不到的情形出現了，A的財務漸漸好轉，生意興隆，如今，A忙於拓展業務，預定在瑟奴河左岸再開設一家分店。

智慧蛇的守護符

如果你擅長於策劃並且希望能達成目的時，則可使用銅板雕刻出蛇的圖案，並且經常將它貼於肌膚上。如此，你的才智將可充分發揮，並在策劃的過程中，得到自我存在的中心。

◆在銅板上刻畫下蛇的圖案，如下圖所示。

◆可像獎牌般，掛在脖子上最適合。

◆在銅板上刻下姓名的第一個字母即可，如C（金）、L（郎）、H（黃）。

典笈出處

●銅——自古以來，就被視爲具有一種特殊神力之物，在歐洲，銅幣常被放置於口袋中。

●蛇——是智慧的象徵，經常是用來表示可承受外界變遷的一種宿願。

●「智慧蛇的守護」，據說是起源於南歐，原本是被使用於政治職業步入成功的咒法，即所謂「智慧蛇的獎章」。

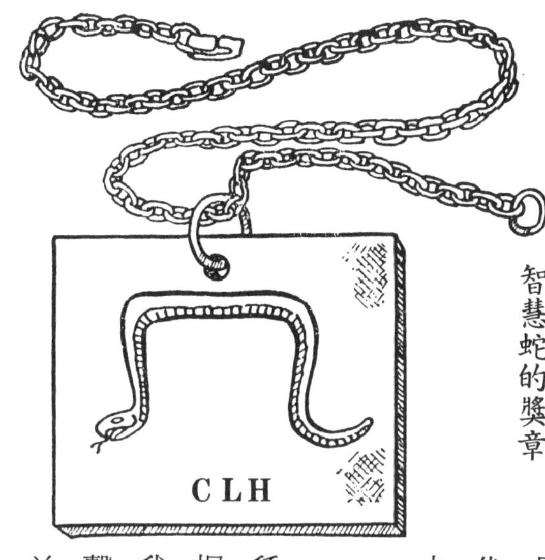

智慧蛇的獎章

身為一個成功的政治家，為了維持本身的地位及利益，若只是靠自己的實力奮鬥，往往是成不了氣候的，此種情形，無論是在那個時代，或者在任何一個地區，都是如此的，實力之外必須再加上「X」。而「智慧蛇的銅獎章」即是可以締造出這個「X」的力量泉源。

在古羅馬時代的政治家裏，便有人利用這種獎章，配帶在自己的身體上，必須切記不可揭露其名稱。在北歐也曾有政治家使用過，就我所知，日本某個縣議員，他也是用這種獎章繫掛在身上後，從此他的政治前途，光明燦爛並佔有重要的地位。

在歐洲的財經界，這種獎章還悄悄地受到大家的愛戴、使用。

圓星的幸運符

如果你想讓自己擁有一技之長，可在一個圓的中心點，畫下星星的記號，再以手繪下五個朱紅色的記號，並經常將它攜帶在身邊，那麼，你的願望與成就必能實現。

◆上圖所示，在圖的中心點畫下星星的記號。

◆開運符號須使用朱紅色。

圓星幸運符的咒法

典笈出處

●這個世界是以一種調和的音及形所構成的，凡是能得之於這個調和的人，將可獲得優秀的能力及幸運。

●這五個符號即是將調和傳之於人們的指導語言。

●此種咒法稱爲「圓星幸運符的咒法」。早在中世紀的歐洲南部即被人們所知。

猶如演藝界，只靠實力仍不能成功的例子並不是沒有，往往僅靠演藝天份是不夠的，尚須要人們本身固有的東西才可，而此種幸運符即是將潛在內部而無法表現出來的才能，引導出來。

這種幸運護符在中世紀的吟遊詩人（Tur Pador）中，曾被使用過。在使用這個幸運符的同時，若能利用三角形的帳蓬時，一定可以發揮極大的效果。此外，這種幸運符不僅被演藝界所利用，歐美的職業運動員們也使用。

Polos的咒法

如果你想在賭博中獲得財富，不妨試試這個咒法，以向東的方向為一，再依自己的年齡，決定東南西北中的一個方位。然後面對那個方位，再以左手握住有三根分枝的樹枝，再以右手向宇宙邊寫邊唸著Polos，如此勝利的好運將會降臨到你身上。

◆如何決定方位呢?其要領即是以東方位為一，再依自己的年齡(足齡)依序計算。

◆事先準備三根分叉的樹枝，樹枝種類不限。

◆Polos的字體，如左圖所示，向宇宙畫出即可。

◆所謂默唸即是在寫下Polos的同時，口中也唸出Polos的發音。

典笈出處

●此咒法稱為「Polos的咒法」或「賭勝的咒法」，起源於東歐。

●使用於賭博的咒法，在直接戰的賽馬等外在原因強的對手使用之。

住在羅馬的彭貝爾，雖然被同伴們公認是買足球比賽票的賭神（在義大利被承認的足球賭博），但是，他所贏得的錢，並非在周密思考下取得的，他之所以能成爲賭博的高手，實爲本咒法的魔力所使然的。

首先，他會在下賭的前一天夜晚，一個人到森林中尋找有三根分叉枝的樹枝，而且這根樹枝不可被其他人碰觸到，當天彭貝爾會先將身體洗淨，經過十分鐘後，再默唸Polos，在一遍又一遍地默誦Polos時，腦中的一切雜念就會漸漸地消失，再過十分鐘後，整個人變得精力充沛。

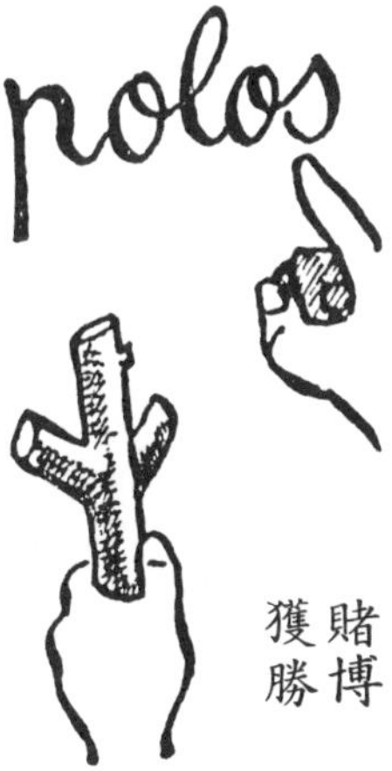

polos

賭博
獲勝

此時，他對一般的事物猜測，毫無興趣，且因Polos在體內燃燒的魔力驅使他開始下賭注。彭貝爾形容當那種念力到達最高峰時，猶如有一種魔力促使他能夠贏得足球比賽似的。

彭貝爾平常的工作收入與其在賭博方面所贏得的金額，簡直是天壤之別。

四角眼的咒法

如果你想於競賽的場合中，獲得勝利，則可把四角眼的勝利符攜於身邊，同時默唸咒文：「agro・porni」三次。如此，你的對手將無法發揮實力，並把其利益轉讓給你。

◆四角眼的勝利符如下圖所示，製作而成。必須全部使用黑色筆繪製。

◆將此符放置於心臟部位（左胸的口袋裏）。

◆「agro・porni」之咒文，必須在比賽前重複唸三次。

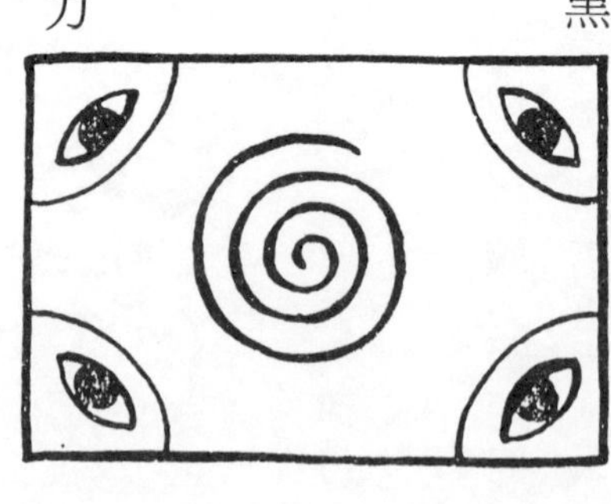

典笈出處

●如果被「四角眼的咒法」護持著，其對手將會喪失判斷力，而選擇對自己不利的立場下賭注，因而漸漸輸掉。

●本咒法不僅可用於一對一的比賽，亦可適用於數人的競賽上，此時 agro・porni 的咒文以一個人三次再乘以人數即可。

●傳說本咒法，早先是流傳於伊比利亞半島上。

住在英國Manchester的威爾金索，每到週末玩樸克牌的時間，就彷彿是他生命的價值所在。身為銀行主管的他，這樣的地位絕不算低的，而且他也是Menzu 俱樂部的會員。威爾金索是個個性保守的人物，他在三年前知道了「agro・porni」的咒法，而開始對樸克牌特別感興趣。

所謂「連勝」這句話，彷彿是因威爾金索而出現的，英國人常是依照個人的性格而產生興趣的，因為現在的威爾金索已明白勝利的意義，也嘗到勝利的滋味了，所以，他寧願藉著咒法的魔力去觀察對手如何陷入自己為他所設的陷阱中，並且以此為樂。

此外，從經常到Monte・Carlo 的荷蘭實業家口中亦得知，這種咒法對於輪盤賭具等，也有相當大的效果。

競賽獲勝

Ru a Ru Pa的咒文

你若想把強運的選術成爲自己所擁有的東西，則你可把左手重疊於右手上，並且口唸咒文：

「天有水，地有眼，穿過黑旋風，Ru a Ru Pa 的牙齒、流水飄泊於宇宙，夏無葉子，冬有土地變換成綠色，Ru a Ru Pa 的手破裂的天空，宿願的氣、逆時esutaru・apisu・Mu・Ka・Ra」

◆正確地唱讀咒文。

典笈出處

●此咒文亦被稱爲「傳心之術」，是從德國北部的 Ryubetgu 流傳而來的。

此咒法若能正確地傳達，將會有不斷地想像能力的效果產生。

「Ru a Ru Pa的咒文」係用於加強中籤運，此種咒法的種類繁多，在Denmark中，也有利用此咒法尋找寶藏的傳說。

下列所敘述的故事，是眞人眞事，係從我一位Denmark的女性朋友聽來的。

她的父親對於歷史，特別是自己家族系的歷史相當感興趣，她的父親在祖先三代前所留下的日記中得知在他們自己的屋宅裏藏有貴重的金器，或許是被寶藏巨大的財富而感心動，即使是一個小小的金手鐲，也是有相當大的金額，於是她的父親利用課餘的時間，開始着手於「尋找寶藏」，然而却一直無法尋獲。

就在這個膠着的狀態中，他憶起曾經聽過的古老土地尋寶的咒法，於是，他抱持著姑且一試的心態下，施行咒法，大約施行十天左右。

有一天早晨，由於前一晚狂風將老樅樹的大樹枝吹斷了，於是他正努力地整理這些被折斷的樹枝時，瞬間出現了「閃閃爍爍的東西」，因此，她的父親疲倦地朝倒了滿地小樹枝的地方，挖掘下去，大約有一公尺深吧！裝有金器的箱子出現了，是「寶藏啊！」她的父親驚喜地歡叫著。

正如圖上所繪的，是個無法言喩的發現，不僅有金手鐲，亦有銀製的裝飾品，各式各樣，裝滿整個箱子。另，敍述一則相關的故事……。

此則故事也是從古老的傳說中聽來的。

有一個男人試著用這個咒法去找尋寶藏，他並沒有特別的目的，只想試試這個咒法的可信度。經過一個月後，有一天，他感受到一種閃爍的光芒，於是趕到附近的森林中去挖掘，有了這種感覺，使他確信自己將會有所發現，但却不是想像中的寶藏，而是人的頭骨，大概是個已有一百年以上的頭髗吧！

這個男人從古老的傳說中的咒法是應把頭骨裝入煙火中，但他却錯誤地把頭骨直接放入了。一般而言，如果咒法使用錯誤，是不會有任何效果出現的，然而此男子却誤打誤撞地將頭骨與原本尙未出現的屍體相連接，因此頭骨却成了發現其他遺骨的開始。即是說，這個頭骨成了副能夠挖掘的厚手。

依照古老的傳說，若是找尋毫無根據、目標的寶藏時，最好不要隨便亂使用這個秘術。因爲在毫無目標的情況下，使這個咒法的宿願實現了，會出現與原本期待的事物完全相違的事情，所以此咒一定必須在正確的情況下施行。

招金筒之術

你如果想使東西的價值由小變大，請你準備 rakarius 的根及 toursnusoru 的種子二十粒，放入招金筒內封好，並且將它埋入沙灘中。如此，就會有神奇的靈驗產生，而爲你帶來不可思議的金錢運。

◆所謂「 rakurisu 」即指甘草，不限其量之多寡。

◆toursnusoru 係指向日癸。

◆招金筒的製作方法，如下圖所示。

◆將招金筒掩埋於沙灘時，最好選擇每月的第三日爲佳。

典笈出處

●rakurisu 在希臘時代，即被人使用做強壯劑，在中藥中，甘草亦被使用。

●太陽是地球生存的泉源，若沒有太陽，地球也將無法生存，向日癸便是求之於太陽的花，依附著太陽而生存，自古以來，向日癸便是由許多幸運宿願所結合而成的。本咒法被稱爲「招金筒之術」，在腓尼基時代，可以探索它的原體。

古遜達索住在瑞典的桑多比街，他擁有一片無啥價值的土地（草原），但是，在他施行了這個咒法後，就有人向他商量，收購土地建工廠，在數次的交涉中，他以三倍的價錢成交了，而他也在一夕之間變成了大富翁。

另外，與友人的交談中得知一則有關本術的故事。它是發生於日本。

他，在山形縣一個古老荒廢的農家中，擁有近兩百坪的土地，那是個人煙稀少的地區，縱然想出售，也乏人問津，但是，當他開始施行本咒法三個星期後，突然有買主光顧了，原本他認爲，只要這個地區要開闢道路，那或許就可出售出去，實際上，與其想像的相違，原來這位買主，是對古老的建築特別感興趣的暴發戶。

這位買主說：「我對土地不感興趣。」

接著以日幣二千萬買下這不到三十坪大的建築物，並將它分解拆除。

縱使這些舊柱子是有多麼古老，多麼有風格，總之，也是件非比尋常之事。

第六章　「性」的咒法

——得以持久、享受人生之樂

●有關性的煩惱有各式各樣，本章所要敍述的是解決較具代表性的問題。

有關患有性冷感，與異性保持距離的人之咒法，患有性冷感者大部分是由於自己的封閉性格及自我意識所造成的。因此，若施行咒法，則可使其從內部開始起變化，而不再是性冷感者。

此咒法可使夫妻間的性生活更爲美滿融洽。

因相愛而結婚者，彼此都存有愛的基礎，所以當婚姻發生不合時，應只是彼此產生摩擦，而非缺乏愛情的基礎。

即當愛情轉淡時，利用此咒法，頗爲靈驗。

●在男性方面，多半是精力的問題。

男性自覺到自己的精力缺乏，無法成就事情、工作、活動時，往往將蓄積在體內的精力發洩於外。

有精力不濟的困擾時，不妨試試獲得精力的咒法，此秘法不會使任何人遭受不幸，所以無須過慮而延誤良機，應立即施行。

●在使陰莖得以持久的咒法中，以三角形布棚的咒法最爲普遍。

此咒法係從大地中取得精力之奇蹟而產生的。在希臘神話中，具有怪誕之力的海洛拉斯與大地之神的孩子——巨大爭鬥時，被海洛拉斯投擲的巨人，即是吸取土地的精力，而得以再次與怪誕之力對抗，但是後來巨人被投入海中，而失去抵抗力。水會奪取精力，而土地則會賦予我們精力。

我們不可忽略自然的力量，我們每天穿著鞋子踩在混泥土上生活，實在辜負自然賜給我們的恩惠，應利用來自自然的咒法，以取得精力，不要忘了使自己更努力接近自然。

馬根的護咒

你若渴望有持續不斷的精力，可切取已被殺死之馬的陰莖，使其乾燥後保存之，在每天的傍晚時分，由男性親手交給女性，同時口中誦讀「戰鬥之神啊！請賜給我力量」的咒文，如此，戰神的護持將產生靈驗。

◆本咒屬於男性施行，其主要目的是在於使精力充沛、性趣勃勃。

◆本咒必須使用馬的陰莖，至於其他動物，只有馴鹿的陰莖可以替代。

◆將切好的陰莖脫水曬乾後，用布包紮起來，置於濕度不太高的地方，並加以妥善保存。

◆傍晚時分，係指在吃晚飯以前。

典笈出處

●本咒自古即在北歐地區流傳，北歐薩加「布魯塞之歌」中，即有談及該陰莖的精力。

●女性在性交時，都祈望男性能勃起挺硬，來滿足自己的要求。

●戰神是象徵精力之神。

住在維亞斯堪地那半島極北，橫跨瑞典、挪威、芬蘭等三國的拉普蘭德人，直到現在仍有不少人沿用本咒術。他們大部分是以馴鹿爲生者，也有一年一次從屠殺的馴鹿中，切取其陰莖來供奉給戰神者。

拉普蘭德人終年生活於酷寒的北極地帶，卻有強壯的身體，強烈的性慾，夜夜春宵亦可持久。

古老時代就有透過馴鹿的陰莖來保護戰神的傳說。

招魔聖圓咒法

若你想使自己的性慾增強，則可在日出時分製作招魔聖圓，口中唸咒文：「阿古魯（agulu）、布魯奴（brunu）、費魯（fail）」，如此，招魔聖圓就會附在身上，因應所需。

◆招魔聖圓，外圓塗紅色，中圓塗黃色，內圓塗藍色。

◆中間是正三角形，將其中之十指描黑。

◆聖圓需在日出時分朝向正北方，彎腰製作。

◆聖圓需使用鞣皮製作。

典笈出處

●是居爾特人的秘法。

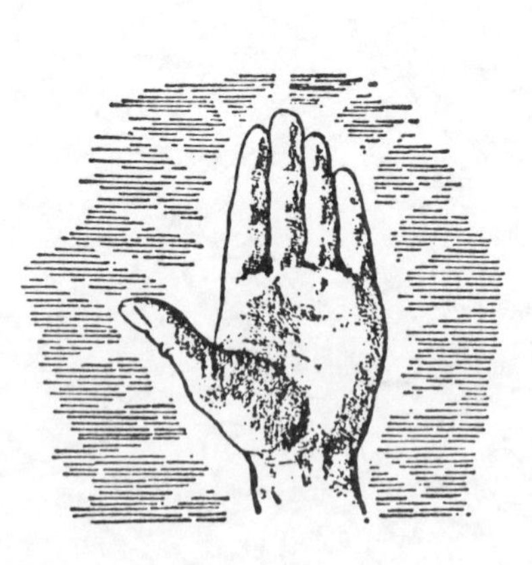

性慾變強的招魔聖圓

正三角形裏面有奇妙的十隻手指是居爾特族的白魔術，意指將人類所擁有的生態磁氣往外送時的一種連結線。

在自己最需要元氣時，口誦咒文：「阿古魯（agulu）、布魯奴（b-runu）、費魯（fail）」之效果最佳。施行本咒，將會產生不可思議的勇氣，得以嘗試新的挑戰。

昔時流行的「金字塔精力」也是利用此正三角形的力量及北方所具有的磁力，即利用地磁氣將力量送入體內的原理。

含羞草的秘咒

如果你希望性交時間長久，可摘取含羞草，將根搗碎，將之塗於腳心及趾間，然後才可性交。如此，即可緩和你的緊張情緒，性交時，時間會變長。

◆含羞草的根挖出後，以愈新鮮愈好。
◆塗抹腳趾間時，以儘可能塗滿爲止。
◆應在靜臥之前塗抹。

典笈出處

●本秘咒僅適用於男性。
●大體上，對有早洩困擾的男性，可發揮很大的效果。
●本秘咒係利用含羞草來冷却腳，以防止早洩，故本咒對頭冷腳熱的人最適合。
●原本是回教國家所使用的咒術。

以前有一個阿拉伯人，名叫卡爾羅蒂哈達，是個年約五十歲的男人，他住在西班牙東岸的雅利堪地市。在二十年前，有一則關於他的傳說。

據說他每一個毛孔都散發出男人的氣概，床第功夫更是了得。事實上，是指卡爾羅可以連續性交三個小時，陰莖依然硬挺不萎縮，且其陰莖可在勃起的狀態下插入女性的陰道內。「當他年輕時，更可以每晚和三個女人，每人各性交三次，徹夜狂歡，使她們快樂無比，猶在天堂般。」其精力持久不衰，是爲人所樂道的，而且他有一個很奇怪的習慣，即他在性交時，有時一邊快樂地吃，有時愉快地喝酒，一邊慢慢地享受性愛的樂趣，而卡爾羅亦是以此而聞名。

有一位富豪的妻子，性慾特別強烈，在與卡爾羅發生二次激情之夜後，就對卡爾羅念念不忘，夜夜輾轉難眠，但因是已婚之身，亦頗具社會地位，而無法自由行動，因此感到非常痛苦。知道卡爾羅這些事蹟的人，也想得知其中的秘訣，據說有位名叫克利密安達達爾的人，就專研可延長射精時間的技術，即指在射精之前，拔出陰莖以延長性交的方法。卡爾羅拒絕教授任何人性愛之樂，但是，後來他不小心向一個醫生朋友洩漏了這個含羞草的秘咒。

開普勒的咒法

當你陷入競爭對手的圈套時，不妨試試本咒法，首先，在口中唸著對手的姓名，然後，在心中想像著對方的影像，集中憎恨，口誦咒文：「Aglalia Pidhol Galia Ananus Kepula」。如此，對手不久就會失去判斷力，進而失去其地位，而不再成爲你的競爭對手。

◆本咒無論男女，均可施行，需一個人在安靜的深夜進行。

◆想像對方的影像時，將對方所擁有的東西握在左手，並且需集中精神，全神貫注地唸咒文。咒文以唸一次爲宜。

◆本咒對於競爭上，特別是比自己更上位者，使其失掉地位，而使自己出人頭地時，效果最佳。

典笈出處

●Kepula原是拉丁語Cepula，意指小洋葱。即Kepula係指Caepa＝小洋葱者。本咒術是由拉丁民族流傳出來的。洋葱是惡靈所懼怕的東西，因此，它可避免自己的不幸，更可將其不幸轉嫁於對方。

陷入競爭對手圈套

任職於馬爾賽由的M公司的諾威先生，是個工作認眞、效率很高的課長，也因此引起同事們的嫉妒，無形中樹立了很多敵人。對周圍的人們過度嚴厲而令人反感，這種情形，爲工作能力很強的諾威先生帶來很不利的影響。

其中最憎恨他的應屬其屬下，名叫魯克蘭者。雖然魯克蘭表面上仍是一副不在乎的樣子，但內心中却恨之入骨。

有一次，魯克蘭因在工作上犯了大錯，而被諾威嚴厲斥責，於是，魯克蘭懷恨在心，一直伺機想報復，並且親口告訴親友，誓言要「對那個傢伙施咒術，給他好看」。

果然，不久之後魯克蘭就對諾威施行咒術，二個星期之後，由諾威所接洽的一筆大買賣，對方突然中止交易，雖然對方有說明其所以中止的理由，但那些理由並非問題所在。

姑且不論諾威以往的工作效率，但是，如今卻使公司遭受巨大的損失，按理應予撤職，而且諾威很快的又再一次發生交易失敗。

猶如虛榮心強的女人，對丈夫的愛情會隨其社會地位的滑落而趨於淡薄，這一連串的事件，對諾威的人生，產生很大的刺激與變化。

後來，他在一家小公司擔任一個微不足道的小職員。在另一方面，魯克蘭卻於一年後，順利地坐上課長的位置，其工作亦開始邁入坦途。

窺知這一切情形的人，不得不感嘆「咒術的厲害」。

被施咒的課長

BONA DEA的咒法

如果你欲獲得財運，則可在每個月的第一週中，選擇一個星光燦爛的偶數日的夜晚，用白蠟製成一隻船，並在船腰間寫上「BONA DEA」等文字。應避免被旁人看見該船，如此，你將可獲得財運。

◆船的形狀不拘，其大小也沒有限制，唯需使用白蠟製成的。

◆所謂星光燦爛之夜，即如：第一週若從星期六開始，則星期日爲第二日，而每週的開始，應以星期日爲起算日，因此，此時的星期日（第二日）是第二週，該月第一週沒有偶數日，製作船時必須在下個月。

典笈出處

●本咒法是「帶來幸運與財運之船」，即所謂的NAVE FELICE之咒術，係起源於中世紀的義大利地區。

●船不僅是女性的象徵，也是財富的表徵，猶如日本的寶船般裝滿財富者。

●「BONA DEA」是代表善良女神，在其文字中帶有幸運與財運之意。

帶來幸福與財運之船

在中世紀的義大利，有名叫保納茨的占星術師，他有一個朋友，生活很貧窮，且他一直擔心自己會愈來愈窮。

於是，保納茨就替他施行咒法，用白蠟製作「幸運之船」，並保證一定可以增加他的財富。

果然如保納茨所言，幸運之神緊隨著友人，並爲他累積了很多財富。

但是，友人却不可思議地對「幸運之船」，抱持著懷疑的心態，而將此秘密洩漏給教會單位知悉，而教會將它視爲一種邪術，並將船徹底地拆毀，以告示人。

接受此事件，而破壞船的友人，立刻失去財富，恢復其原本的窮困。

和輪幸福咒

如果想使夫妻間的感情和睦，閨房生活融洽，可在紅色的圓形紙上，如左圖般畫二個邱比特，再套上三個圓圈，將之經常放在左胸前。如此，象徵愛之女神的心將長駐你的心，可使夫妻的性愛生活，歡樂無窮。

◆三個圓圈宜使用銀製的戒指。

典笈出處

- 邱比特是維納斯的小孩，也是愛神。
- 三個圓圈分別代表愛情、智慧與力量。
- 使用邱比特與圓圈的秘法，早在希臘時代就已流傳，到了羅馬時代更廣被使用。

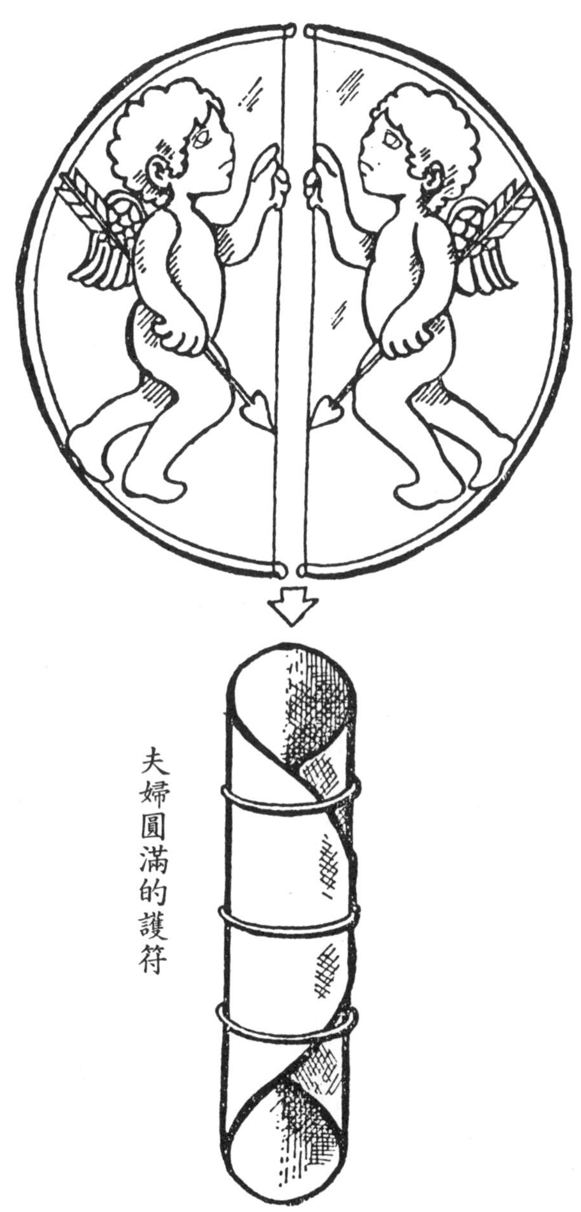

夫婦圓滿的護符

牛津大學畢業的A・漢布索，近二年來，常因夫妻間情感的摩擦而感到困擾，結婚到現在已有三年了，雖非全無愛情存在，但却因無法滿足彼此的需求，而使婚姻關係亮起紅燈。

現年二十八歲的漢布索，是個忠厚耿直的公務員，曾爲了這件事，找過生理醫師，但效果不彰。漢布索很喜歡小孩，更希望擁有屬於自己的孩子，因此，對愛打扮、愛漂亮的妻子，感到十分厭惡，自從產生這種厭惡的情愫後，漢布索於性愛生活中，對妻子就有一種排斥的心態，而感到「性」趣索然無味。

喜好讀書的漢布索，無意間得知「邱比特咒法」，引起他的興趣，抱著姑且一試的態度，他施行了咒法，結果却有「令人意想不到的效果」，不知什麼原因，漢布索突然有了新的力量泉源。性愛生活更是樂趣無窮。

目前，他已擁有二個女兒，過著幸福美滿的婚姻生活，最近還來信說他太太又懷孕了，三個月後，第三個寶貝就要來臨了。

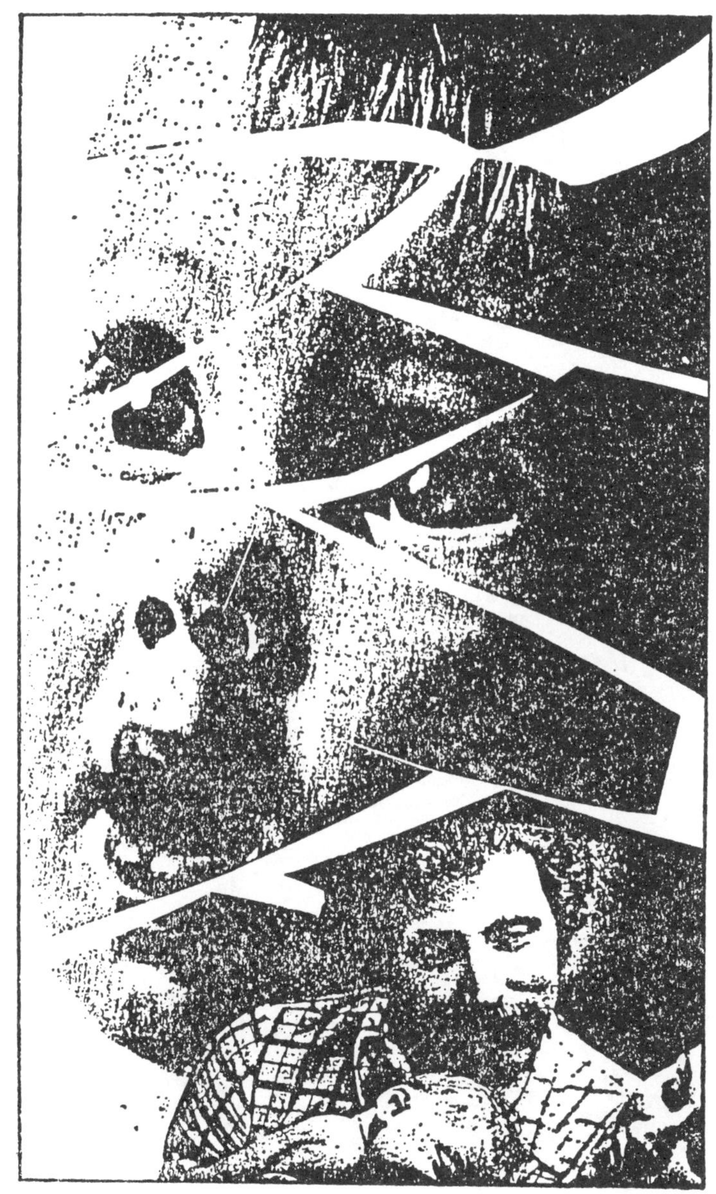

車前草的秘術

如果你已是非處女，却想僞裝成處女，則可在結婚前一個月，在陰部塗抹「車前草水」，同時口誦咒文：「Plantago」，在這段期間，不能與人發生性愛，那麼，你將有一個美妙的新婚之夜。

◆所謂「車前草水」，係指將車前草的葉子曬乾後搗碎，放入水中，即完成。

◆「陰部」是指女人的陰道及其附近地帶，應使用車前草水，一日洗一次。

◆切記在這段期間絕不可與人發生性行爲。

典笈出處

●車前草（Plantain），葉子呈卵形狀的群集多年草本植物，夏天是開白色的小花。

●車前草水，有收縮陰道肌肉的效果，在法國曾經是被用來再造處女膜的處方。

再度是處女

二十世紀初期，有位瑞典女人，名叫喬納，使用了車前草水的秘術後，在新婚之夜，感到丈夫的陰莖慢慢地勃起挺硬，然後插入自己的陰道內，往返抽送，此時喬納如醉如痴，彷彿神仙般的快活。

二年前，喬納是個十九歲的少女，第一次與男人發生性關係時，是抱著好奇、期待與不安的矛盾心理，她將雙腳緊閉，男人則以其巧妙的手愛撫著尚未被污染的肌膚。「嗯……」不知不覺地發出呻吟聲，同時喬納也達到高潮……。

使用本秘術，會使女人再度享有處女般，初夜激情、狂歡的樂趣。

眼光。

變身之術

當你想引起身旁異性的注意時，不妨在二〇cc.的柳橙汁中摻混少量的麝香濃縮液，再加入適量的水，而成「天使之水」，需每天喝，持續七天，如此，將使你的身體變得更具魅力，能吸引異性的眼光。

◆麝香可到中藥店買。

◆喝天使之水，不宜在午夜零辰時，應連續喝七天才會有效果。

典笈出處

●天使之水是近年來在歐洲廣被使用的春藥。

●喝天使之水時，用很小的聲音口誦咒文：「自己能得異性的人緣。」聲音小至自己聽到爲宜。

●本「天使之水」的咒法，效果最快在開始施行之後的第八天，即可顯現出。

喝「天使之水」更具魅力

住在法國南部魯魯特市的密耶魯，表面上是個正常的人，在男人堆中，更是個超群卓越的男人，但是，對女人就一籌莫展，因爲他有一個難以啓齒的隱疾——陽痿。

但自從密耶魯喝了天使之水後，他便彷彿重拾男性的信心，發揮男人氣概，經常可滿足四個女人的性需求。

他個人性交的最高記錄，竟達每晚十四次以上，眞是令人讚嘆，雖然據說海洛拉斯有五十次的記錄，但是海洛拉斯畢竟不是完全的人類；傳說他自己的男孩，亦都是在十五歲左右喝此天使之水（源自「南歐伊索寓言」之丹麥本）。

第七章

對物的法術

——給你討厭憎恨的對象恐怖的感覺

●這一章所要講的，即是所謂的「黑色法術」。

黑色法術是所有咒語中，最令對方難以忍受的。有些如魔鬼的附身、驅魔者、野獸附身等等的傳說，實際存在的情形更是比我們想像的要多得多。

如同序章裏提及的，以黑色法術作爲職業的魔女，實際上也是存在的。

被人稱爲「惡魔的女祭司」的烏拉・芳・貝魯奈斯，就是一位魔女。據說被她詛咒致死的人數已達二十人，更替咒語的恐怖性作了實證。

這種法術的效果在於大多數的時候，人們不知道發生了什麼事，所以更使人覺得恐懼。

如果你被詛咒爲動物附身，那你就會變成像動物一樣。

也就是說，你會失去人性，轉落到動物的世界裏去。

在日本也有這種情形，即所謂的狐狸附身。那是一種被狐狸的靈魂攫獲的一種精神狀態。

被詛咒者所受的驚嚇，不是那種突然很寶貴的東西，從架子上掉下來，或是寂靜無風時，窗子突然敞開那類的恐怖，對於經驗過的人來說，恐怖感比起來有過之而無不及。

還有，很心愛的東西受到了詛咒，好像遠離了自己，你越愛惜，就愈覺得捨不得。

人類一直都很怕死。平均壽命都已經到了七、八十歲了，還是嫌不夠。可是，如果使你加速老化的話，會變成什麼樣的情形呢？

被詛咒為加速老化的人，就好像乘了時間機

器，更快速接近死亡，這種又稱爲看得到的恐怖。

●如果被詛咒和魔鬼性交的話，即不再想和人類性交。那麼，他的人生就不知是爲什麼而活了?!

至少，人生的樂趣被剝奪大半，算是件很嚴重的事。

這一章裏所談到的，每一個都是令人非常毛骨悚然的故事，因此，不要隨隨便便的玩這些法術。人家說，法術就像一把雙刄的劍，使用法術絕對不是壞事。問題是，誰如何來使用它。

因此關於黑色法術，希望你多三思而後行。

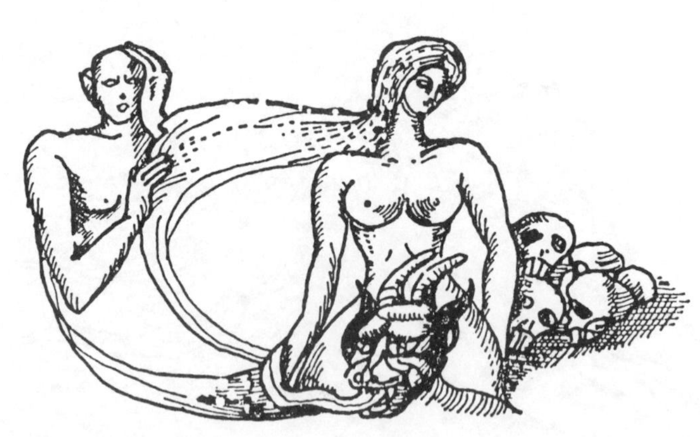

魔鬼附身的詛咒

如果你們許多人想詛咒的對象都相同，若要詛咒他被魔鬼附身，就找十三人利用十三這個數字。

大家晚上集合在幽暗的森林中，圍著動物的屍體，召開集會。接著獻上活物，「噢—・撒旦之子啊。降臨×××，毀滅他」如此地各自唸一遍，一直到十三遍爲止。

召開這樣的集會，爲的是使對方因爲撒旦的降臨，讓十三這個數字和惡魔產生關連，造成惡魔附身的不幸。

◆動物的屍體，用任何動物都可，但是昆蟲的屍體不行。

◆集合人數一定要十三人。

◆獻上的活物，除了昆蟲以外的動物皆可，並且當場將頭砍下。

◆×××是對方的名字。

◆咒語一個人先唸完之後，再一個一個接下去，全部十三人都唸了之後，再從頭唸一遍，總共要繞十三圈，因此，13×13＝169，總計要唸一六九遍。

◆十三人，要圍成圓形而坐。

典笈出處

●所謂十三，普通在魔女集會的時候稱爲COVEN。這個名稱，英國開始使用，在北歐沒有使用。

●這個咒法又稱「撒巴達咒法」，十三人共同詛咒相同的敵人。

●所謂撒巴達，寫成Sabbatt（英文），語源是希伯來語的Shabbath→希臘語Sabbaton→拉丁語Sabballem，指魔女（男）們的集會。

瑞典的北部地方，靠近義耶利瓦雷的附近，有個名叫安德修的年輕男子，爲什麼他會被人下了詛咒的原因，並不清楚。

有一種說法是，這個年輕男子，侵占公有地作爲自己的土地，而且性情粗暴，誰也沒辦法，一比一的打贏他。

由於這個「動物附身法術」（別名「撒巴達法術」）的力量，使得安德修被附身，甚至脫口而出「有魔鬼追我」。

不久後，他每走十三步，或者站定時，就會出現熊的動作，或是鳥的動作，他在半年之後便死了，屍體上還有十三處令人害怕的斑點。這是約十六世紀末時發生的事。

影子咒法

你如果有敵人的話，把對方作成帶影子的紙娃娃，在月光晴朗的晚上，穿上獸皮，把針扎在影子上，高唱咒文：

「影子去吧！從虛無境來，回虛無境去。」

對方便會怕自己的影子，乾脆把靈魂獻身給魔界。

◆獸皮也可以用外套代替。

◆晴朗月夜，最好選擇月圓之夜。要專心的唸咒文。

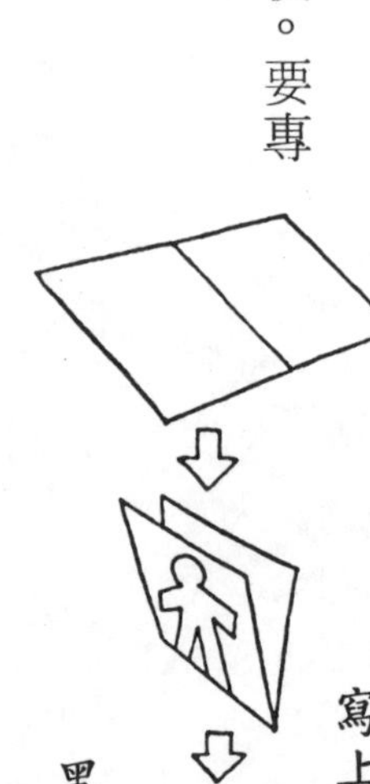

典笈出處

●這稱爲「影子咒法」，是最恐怖的黑色法術之一。

●在「賣掉影子的男人」這部小說中也有提到的，獻身魔鬼後的男子，所遭受精神上的折磨。

●這種咒法，據說是從東歐開始的。

十七世紀在芬蘭的歐博街。當時的芬蘭是屬於瑞典的一個地方。

有一位名叫瑪麗塔的姑娘，因爲感情問題而被詛咒。

她開始害怕白天，因爲影子會變得很清楚。夜晚一到便早早上床，但是，影子還是常常糾纏她。

瑪麗塔一看到細長的影子，便害怕得全身發抖。這樣持續了一年，她失蹤了，她的父母不論怎麼努力，都找不到她的人。

北歐寒冷的長冬一過，好不容易春天來臨。

原來瑪麗塔被另外一位女性情敵詛咒，她也不加否認，然而這個女子後來也戀愛結婚了。

然後，春去夏來。淡淡的空氣中大自然也有輪廓分明的影子。

有一天，在這樣的日子裏，瑪麗塔的屍體被人發現在森林的小屋中。已經化成白骨的手，還堵住牆壁上的一個小洞。

這是因爲小洞透進來的光，會造成影子使她害怕。瑪麗塔自陷到幽暗的世界裏去了，爲什麼她會如此？因爲在那裏才沒有影子存在。

鳥腸的咒法

如果你希望對方的家裏，發生一些不可思議的事，就在一個專門作法的密室內，彈奏用鳥腸作成的二弦樂器，邊唸：

「高山和原野　毛皮和血　槌子去吧　喂伊奴拉庫」

然後，寫成二封信，一封送給對方。

因爲秘咒的力量，對方的牆壁甚至會發生振動的情形。

◆鳥的腸子，用已經乾了的，作成左圖的樂器。

◆作法的密室，是指所有的出口及入口都要封閉的房間。送給對方的咒文，一定要裝在信封裏。不必寫上自己的姓名及地址。咒文可以寫在紙上。

典笈出處

●「鳥腸咒法」（又稱「密室法術」），可以使對方的居處發生不可思議的事，造成對方的精神不安。

●牆壁會振動，是其中之一的表現，實際上還有傢俱損壞，重要的東西毀壞，掉下來等等。這個咒法可能是從非洲傳到中美洲這一帶。

如果看看描述中南美諸國的黑色法術的書，都記載著各種各樣的例子。門在沒人的時候也會自己開關；沒有地震，架上的重要紀念花瓶突然掉下來等等。

還有例如，突然聽見來處不明的聲音，聽見走路的聲音却看不見人。住在貝魯的瑞典人阿魯拜斯，不知是被誰詛咒，在黃昏七時左右，常常聽見輕微的摩擦聲。雖然沒有身體的直接危險，但總覺得不舒服。

使對方陷於不安

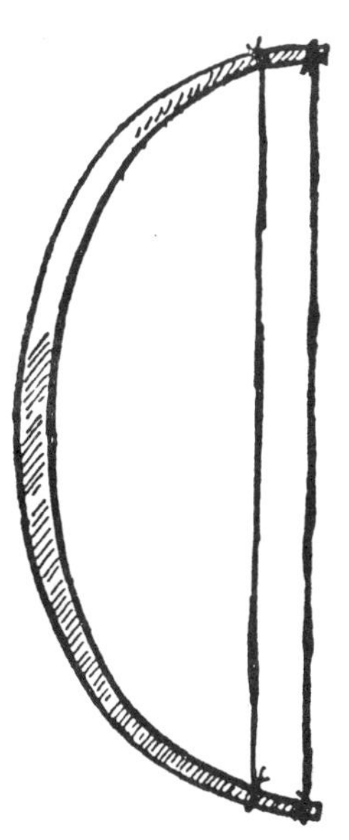

促進老化的咒法

你如果想使對方面對死亡的恐懼，那麼就拿一根長骨頭，把對方的頭髮綁在上面，站在惡魔之圓裏，「××到老的世界吧！」如此呼喚惡魔三次。

對方就會加速愈來愈老。

◆骨頭選動物的大骨或脛骨皆可。

◆對方的頭髮多少不拘，只要在骨杖上綁好即可。

◆惡魔之圓，如左圖在地面上畫出來。

◆站在這個圓中，朝對方居處的角度，呼叫惡魔。

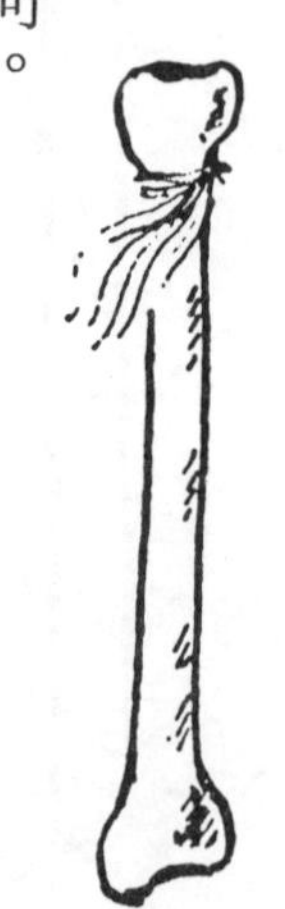

典笈出處

●這個奇妙的咒法，稱做「髮骨杖的咒法」。

●出處是中世紀的黑色法術。

●使其老化的效果，會發生在其肉體上。

十九世紀末的時候，德國的流貝克地方，有這樣的女性，因爲這個詛咒而喪失性命。

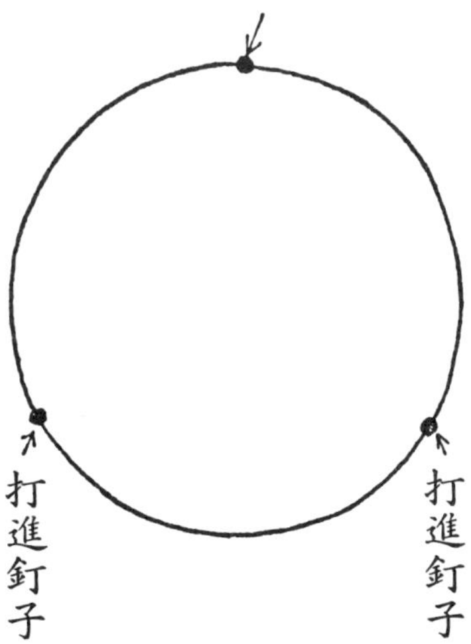

詛咒她的是她的先生。

北

打進釘子

打進釘子

打進釘子

南

因爲女方是個有錢人家女兒，喜歡精神虐待她的先生，這位名叫莎蒂斯迪克的妻子，實在無法令人同情。

才三十六歲不到的她，突然間視力減弱。然後又有老化現象——這次是脚。以前青春洋溢的臉龐，一下子蒼老了許多——同時，開始回憶年輕時的點點滴滴，藉以打發時間。

她活到了四十三歲。但這時的她，完全是個老人的模樣了。當然她的丈夫繼承了她留下的大筆遺產。

看不見手的咒法

如果你想要讓對方莫名其妙的搞丟東西，首先，做一個手的秘符，用二隻手拿住，然後——

「瑪諾，看不見的手呀！×的××消失吧！噢—」

這樣唸過後，把符燒了。

詛咒的效果，會由那隻看不見的手，傳達到對方。

◆秘符的作法如左圖。

◆咒文的×的××，是塡入對方的名字及想要他失去的東西的名字。

典笈出處

●瑪諾就是手的意思。西班牙語及義大利文都是相同意思。

●這個稱爲「看不見手的咒法」，是利用那隻看不見的手，使對方的東西消失。

●從咒文的文字看來，也許這個法術是古老的西班牙流傳下來的。

使對方搞丟東西的秘符

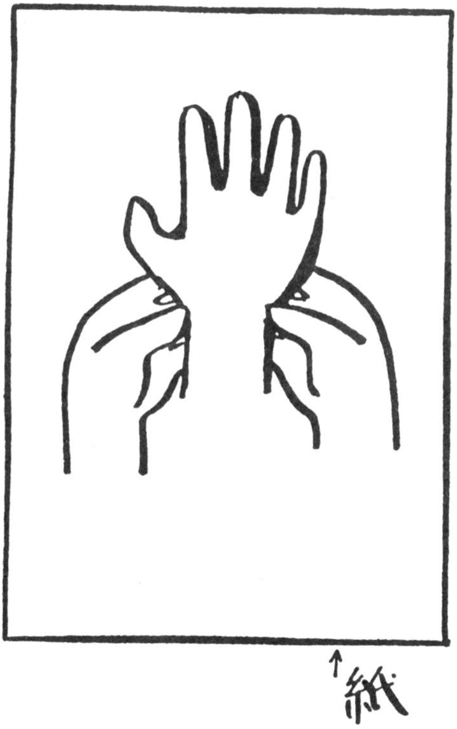

紙

斯德哥爾摩郊外的一個名叫梅休塔的地方，我的一個朋友的兒子漢斯（十二歲），遺失了他的鐘。二、三天後，他的朋友問他說：「喂！你的鐘不見了，對吧！」就在他覺得奇怪而且一直在找的時候，原來他是被朋友下了咒。

他那個朋友，歸化爲瑞典籍，他的父親是個西班牙人。

這個法術是使對方的東西遺失，但並不能使對方的親密朋友消失。

因此，如果你想橫刀奪愛的話，這個法術是行不通的。

魔交咒法

如果你想要剝奪對方性愛的樂趣，高唱——

「噢——寒冷而

冰涼似水的精液

至××處，撒旦——」

連續唸七天，咒語便會成立。對方和惡魔性交過後，便會失去性的歡愉。

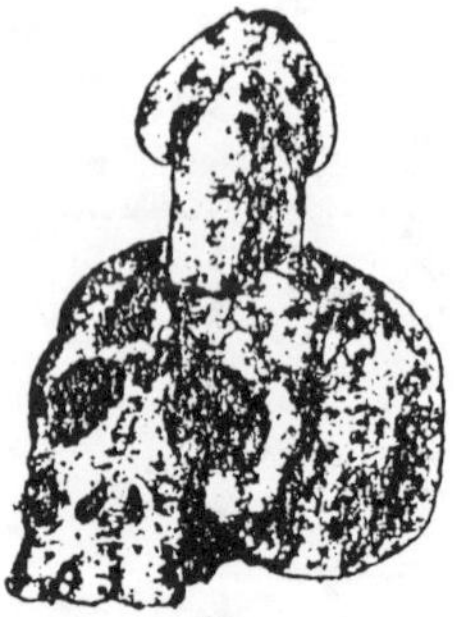

◆這個咒文，一天唸一次，在夜晚裏唸，而且要持續七天不能中斷。

◆××的地方，填入對方的姓名與年齡。

典笈出處

●中世紀的黑色法術。

●又稱爲「惡魔性交的詛咒」。

剝奪對方性愛樂趣

中世紀時，是個黑色法術被各式各樣的形式所利用的時代。

惡魔中，也有要求和人類性交的，這就是所謂的色魔。在知名人物中，和色魔交歡者，不乏其人。

其中最有名的，即是法皇的名字和色魔連接在一起，最令人震撼。

雖然魔鬼爲惡魔，但大多數都是男惡魔和女性人類發生關係。因此，法皇算是例外，歸屬較少見的一種。

惡魔的精液據說和冰一樣的冷。而且他的陰莖又小又冰。因此和他交歡過的女性，再也得不到和人類作愛時能得到的高潮及興奮了。

栗子的苦咒

如果你想使對方肚子痛，拿一顆栗子扎上針，一個星期後，再把這顆栗子磨碎，加上一張寫有對方名字的紙，一起埋在栗樹的根部。

對方就會覺得肚子痛。

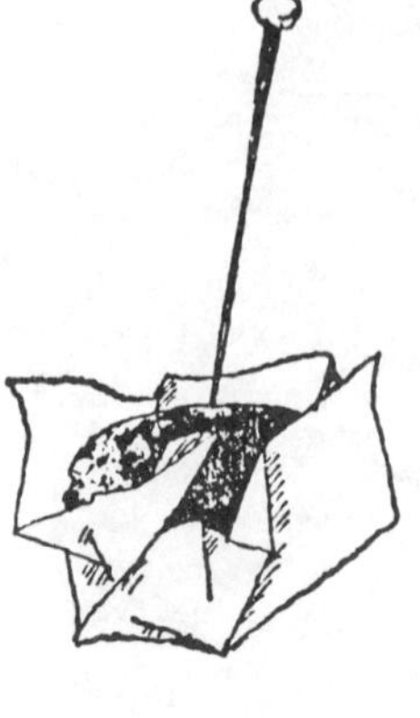

◆只要一顆栗子就可以了。

◆沒有利用到咒文。

◆扎在栗子上的針，一星期內不要去動它。

典笈出處

●這個法術的來源不詳。

這個法術，是在荷蘭的鹿特丹聽到的。

中歐也有使用這種法術，但似乎沒有流傳到北歐。南歐也沒有。

這種法術，是使對方感到肚子痛，使其不能參加某些集會等等，其最大效果僅限於此，千萬不要期待能使他因爲肚子痛而引起肚子方面的疾病。

引起肚子方面的疾病

惡夢咒法

如果你想讓對方受到惡夢連連的折磨，那麼就做一個三隻角的半人半獸的秘符，然後送給對方。

對方就會常常做惡夢，每日不得安寧。

◆秘符的作法如下圖所示。

◆把秘符送給對方時，一定要裝在信封裏，不要讓任何人看到。

典笈出處

●又稱爲「誘導惡夢的符咒」。

●這個咒法以和夢卜關連使用。但多少有些更動，最早的雛型是在埃及。

在奧斯陸有某位企業家A先生，自從被送了這個奇妙的符咒後，開始夜夜難以安眠。

總是夢見被什麼東西追逐，總覺得不安。

情況一直惡化下去，每天睡眠不足的A，終於白天裏也變得恍恍惚惚。

這種情形，就是表示人已經將夢與現實混淆，夾在中間，失去了辨別能力。

每當A先生突然恍惚的時候，實際上是因爲事情和他前晚的夢一模一樣，終於在一個月後，他接受了精神治療。

第八章　縛咒的法術

——貫徹自己主張的法術

●沒有比人際關係更叫人頭痛的了。但是，絕口不管人際關係，除了魯賓遜算個例外，生活在現代的我們是絕對不可能的。

「啊呀！如果他能照我想的那樣的話……」類似這種念頭，每個人都會有過，但是總是事與願違。

因爲覺得麻煩，所以乾脆就照對方的意思算了?!但這也是一個問題，這似乎是上班族每天在社會上做事，都會有過的經驗。

那麼，該怎麼辦呢？

你不必煩惱了，你在這一章內一定會找到一個解決辦法。

如果你忠實的照書上寫的方法去做，那保證對方一定會照你的意志行動。

人際關係是很繁雜的。不再逃避，讓你積極去面

對你的對手，這種隨心所欲控制對方意志的秘法，在這章內總共列舉了八種，供你參考。

●人總難免有過錯，尤其在工作方面。

縱使眞的只是很小的過錯或漏失，也有可能變成要命的大事。

小錯變大過，造成一生永難磨滅的烙印。

這個時候，你要對你的上司施法：讓他有寬容的態度，覺得「我年輕的時候，也犯過同樣的過錯嘛！」而原諒了你。

相同的，這個法術也可以運用到考試的時候。在老師身上下個咒語，應該寫o的答案，寫成了e，去跟老師說情「意思應該是相通的嘛！」請老師不要追究。家庭關係，尤其是夫妻之間，想讓對方聽自己的

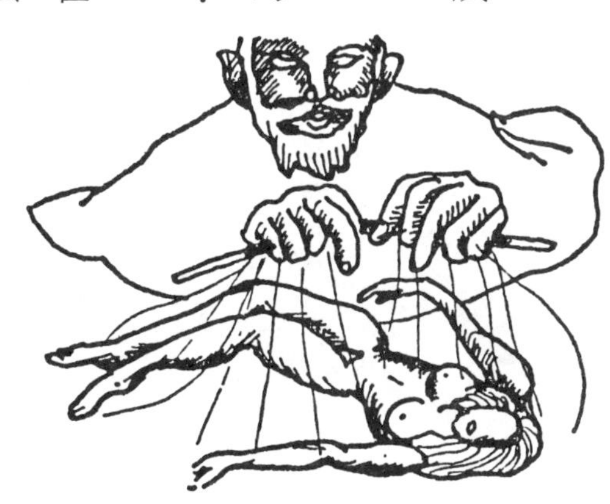

話，這種咒法最有效了。

●如果想做群衆的領袖，就用能掌握多數人意見的法術。

這不僅是管理者，小範圍到只要有部屬的人，都可以使用。

自古以來，人中之人者，全部都有一種能控制人的魅力。也許其中有人並不知道這樣子的法術，但知之甚詳，並且徹底實行的人，一定不在少數。

這種法術每個人都能使用的，如果你想使對方照你的意思去做，還非得利用一些有效的護符不可。

如果對方能照我的意思……這個夢想，已經隨著你翻開次頁，在你手中實現了。

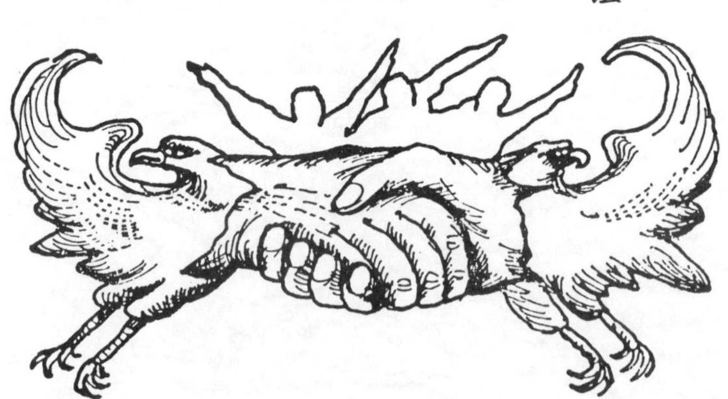

TE GU NE TA咒法

你如果心懷恨意，想讓對方變弱時，只要唸：

TE GU NE TA A BO NO DE KA E RE PA
SA RO NI A RO SU TA
PE RI A RU PE RU SE PU RE PU U U PE SHO
RU—SE HUE DI A PO RU SU A SO NA N SU

對方就會被詛咒。對方就會被惡靈給糾纏。

◆唸咒語時，要一氣呵成。途中不可中斷，否則效果盡失。

◆咒文沒有任何文字，只要唸出它的音，就很有效果。

典笈出處

●咒文的意思，到現在都尚不詳，也許是惡魔語的一種。

●正確的唸過咒語之後，便出現效果：對方首先會被惡魔糾纏，逐漸地思考力減弱，人格二重化，甚至會有自殺的念頭。

這個咒法，並不能直接要對方照自己的意思做。不如這麼說，如果對方是個不按照自己的意思，而且他的存在對自己有極大的危機時，便詛咒他乾脆從這個世上消失的一種恐怖的法術。

被這種法術詛咒上的人，首先會出現人格分裂，也就是雙重人格。

也許他原本不是使用普通法術就能使他就範的人，使你恨不得他從世上消失，而不只是順從你的意思而已。

他雖然人格分裂，還是很頑強。但只是時間問題，因為他潛在的雙重人格，使他自我調適困難，終於演變到自殺的地步。

因此，適用的範圍相當的廣。

十八世紀的卡魯史塔特（瑞典西部的一個城鎮），有位金融業者，就是受了這個詛咒而自殺（在遺書中提及是被什麼不知名所詛咒，不能逃脫，才會選擇自殺來解脫）。

到底是誰下的詛咒，並不清楚，但他樹敵甚多，很多人希望他快點死。到他死之前，據說已經變成常常互換性格的人了。

骨劍的咒法

如果你希望對方認爲你的意見十分妥當，把動物的骨頭作成一把鋒利的劍，然後把劍放在惡靈的五輪中央，再用自己的血染在劍上。

然後，高唱——

「動吧！離開　RE MU RO

離開吧！AMU　RO　」

對方就會被惡靈糾纏，失去自己的主見。

◆動物骨劍，照下列簡單做成即可。

◆惡靈的五輪，在紙上如左上圖所示畫成。

◆血則割自己的手指，滴在劍上。

典笈出處

●這個咒法稱爲「骨劍的咒法」或「五輪咒法」。

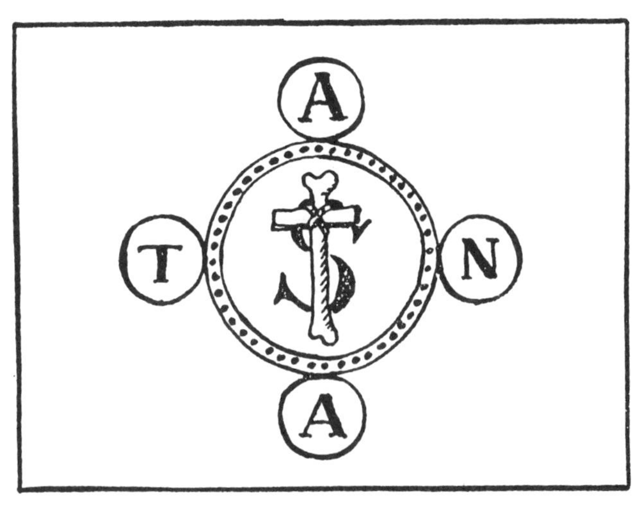

●咒法的起源據說來自中亞，而後經東歐，變成現在的形式。

●咒法的效果，在於對方會認爲自己的判斷是錯的，並且相信你的意見才是正確的。

他覺得自己的意見最正確，而且非常堅持，因此對自己有所不利，這種事情在社會上是常有的事。

這個「他」可能是上司，也可能是同事。如果在家庭中，可能是丈夫，也可能是驕悍的妻子。

要讓這樣的人，明白自己的錯誤，就靠這個咒法了。

妻子被施法之後，變得非常樸素而且順從丈夫的例子，就發生在一位朋友。他的妻子是個虛榮心很強的女性，但後來變成只以丈夫的意見爲主，至今還一直要求丈夫原諒她以前的錯。

這樣一個強悍跋扈的女性，因爲這咒法完全變成另外一個人。

還有別的例子。

在哥本哈根某個出口公司工作的拉先，把這個咒法用在他的主管身上。以前他們二人之間不合，完全阻絕了拉先昇級的機會。

因爲這個法術，他的主管開始稱讚拉先的手腕高明，在所有的場合都稱讚他，後來還派他出駐倫敦的代表，拉先的未來變得不可限量。

馬其頓的魔符

如果你希望對方能原諒你的過錯，那就呼喚靈來施行咒法。

首先，拿來三乘六比率的紙四張，在上面畫上馬其頓魔符。

然後，一張放在水裏、一張天空、一張火裏、剩下的一張每天早晚凝視，對著紙說「原諒我吧！」

對方不久後，就會原諒你的過錯，而且兩者之間的關係，也會十分美好。

◆放在水裏，是指丟到河裏去。放在空中，是指隨風而去。

◆魔符的作法如左。

◆三乘六的比率＝一比二（即長二、寬一的比率）。

◆紙在中世紀時是使用羊皮紙，如用普通的紙也是可以的。

典笈出處

●藉靈的力量，使對方遵從自己的心意。

在馬其頓有個領袖，他不能原諒他的家臣一點點的錯誤，因此產生了許多被判死刑的人。

可說是一位暴君。

有個男的（也許是擔任神官之類的職務）終於使用最後的手段，藉靈的力量，決定使這個領袖滅亡。

靈不但沒有奪走這個拿自己性命作賭注的神官的性命，還使得這個領袖明白到自己的錯誤。以後，人人都願意服從他。

這個魔符，就是當時靈授與神官的符咒，使用這個魔咒，不但對自己沒有危險，還能使對方認錯呢！

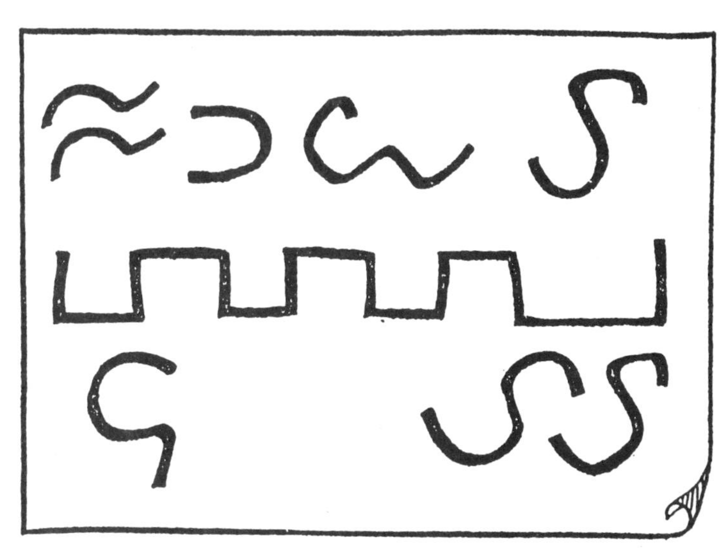

玩偶的咒法

如果你想掌握對方的意志，首先你的胸先畫上一隻綠色的山羊，然後再行下列的儀式。

首先，用木頭作一個人形，在上面用骨頭畫一個玩偶，頭和身體要分開，然後用火燒掉，這樣，對方的靈魂與肉體就會糾葛在一起，會按你的心意行事了。

◆用木頭作人形，板子如左圖所示。

◆依對方樣子用骨頭畫成的玩偶，用任何骨頭都可以。沒有大骨頭的時候，用小骨頭畫，把對方名字寫上去，或者貼照片也可以。

◆把人形的骨頭燃燒時，爲了容易燃燒，可包布或紙，但千萬別用樹葉。

典笈出處

●山羊的樣子，這個時候是當作撒旦的象徵。

●這個法術是從火刑演變而來的。

●詛咒的功用會使對方喪失思考能力，照你的意志行動。

有人自我意識強烈，難以相處，說他們人壞，倒也不全然是，如果能支使他們去辦事，通常都會發揮驚人的能力。

使對方喪失思考力

曼徹斯特有個人名叫馬卡基，是個出版社的總編輯，他對部屬非常有個性，對工作非常熱心，極度講究團隊合作的人。

因此，當他要轉任別的部門時，大家都很捨不得。

因爲馬卡基使用的就是這個法術。

部屬都對他極爲服從，因此，現在也都還是馬卡基不可失的助手，事業成就非常的大。

（對方，因著這個法術失去了自己思考能力，變成只認定下咒者的意見。）

四隻手指的咒法

如果你要對方做有利於你的事，每月的第三個星期五的夜半，寫下下列咒文，送去給對方。對方就會覺悟到自己不對，變得勤勉努力。

◆月的第三個星期五，是那個月的第三個星期五，而不是第三星期的星期五。

◆在咒文的××上重複寫上對方的名字。

◆咒文放到信封裏，送給對方。

這咒法裏只有將咒文直接交給對方，才會發生效用。

典笈出處

●起源可能在土耳其的周邊，十七世紀就開始了。

●被詛咒的人，能明白自己的過錯，努力向上，是個利用價值很高的法術。

能使對方努力向上

男性爲中心的日本社會，默認男性夜間的交際應酬，但這也引發了家庭問題。

我先生的朋友，在某大企業做事的K先生（三十八歲），也未能免俗。

他太太拜託我教她這個法術，對她先生施法，三個星期後，突然關心起家裏來，很早回家，和小孩子交談也增加了。

這麼說的話並不代表失去了工作熱忱，早回家，所以早睡早起，早上甚至還想看些書來打發時間，能夠拓寬人的生活領域。

黑色六指咒法

如果你想群衆聽從你，那就用「魔誘符」（黑色的六根手指拉六個部分），然後再唸咒文——

「A GU·RA RU·I RU MU·PA RU·SA KU·SU TE KU RI ON」在新月的晚上封起來，深深的埋在地中。

多數的對手們，就會被引誘黑暗的世界，遵從你的指示。

◆咒文要一氣呵成。

◆封印要用蠟塗過。

◆「魔誘符」的作法如左。

◆埋的時候，千萬別讓別人看到。

典笈出處

●來自北歐的黑色法術。

●這個咒法，是對方遵照魔界的指示而聽從你，有一種大衆催眠的效果。

它的規模則在於多數服從的人，自我意識並不清楚，說它是一種集體催眠的手法，也是可以的。

例如納粹，為了使德國全體人民走向同一條路，大家都知道他常用一些巧妙的心理手段。

這個「魔誘圖符」所擁有的效力，就像是集體催眠一樣。

聽某位研究咒術的法國學者說，公司組織的在上位者，將這種咒法當作極為有效的法術，事實上，利用此法術才能確保其領導地位的人，在歐洲來說，還不少！

使多數人自願服從

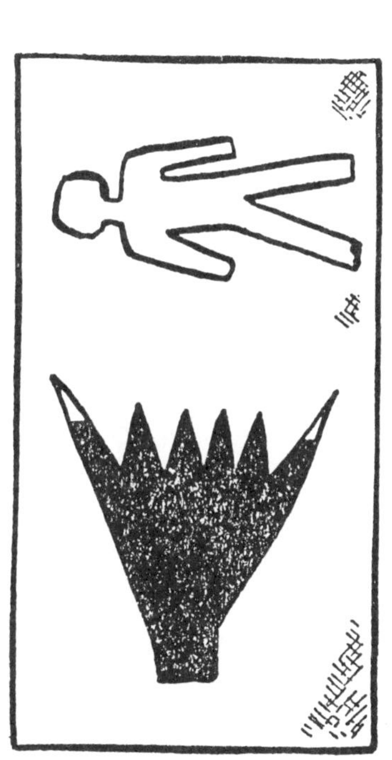

魔誘圖符

召賢的咒法

如果希望你身邊聚集賢能者，作一個三角形的賢者石護符，片刻不離身的帶著。

你就會常在人群當中，賢能者自動會聚集來幫助你。

◆護符如下圖所示。

◆爲了避免觸及外界，用皮袋或者類似物裝著，掛在脖子上。

典笈出處

●這個咒法是何時形成的，不太清楚，但確實知道的，和從前地中海鍊金師的圖表有關係。在基督羅馬時代，就已經有此法術的原型了。

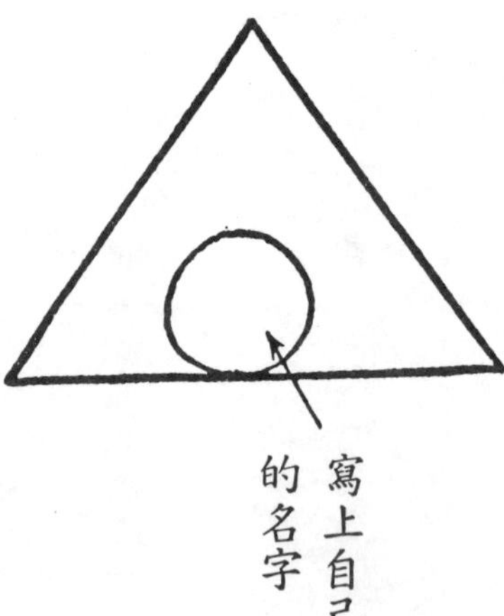

在斯德哥爾摩有位經營資訊企業的A・W先生，在企業的性格上，有個非常聰明的頭腦是很重要的。

A・W對神秘的世界非常有興趣，二十年前剛創業的時候，「三角形賢者之石護符」從不離身。

他的事業，不只所有外觀的變化，更常常順利擴充，周圍有能力的進言者更是常常出現。

能夠貫徹理想與現實的歐洲經營者當中，也許會覺得像這位A・W先生的形式不可思議，那麼東方的經營者不知感想為何？

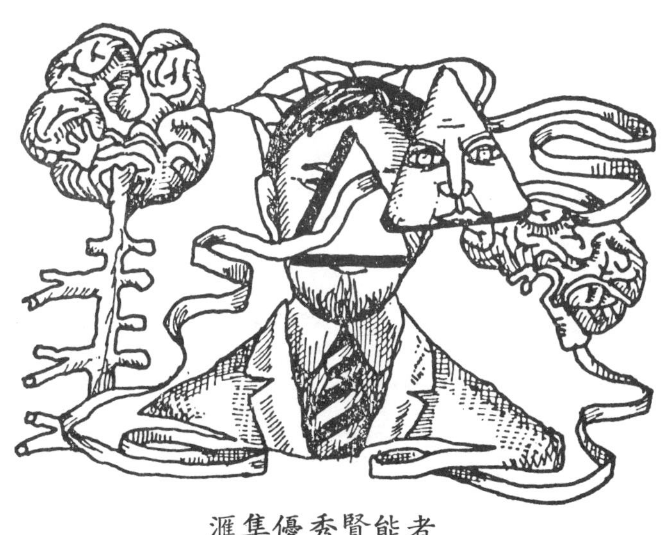

滙集優秀賢能者

你如果想讓交涉或相託之事能成功，就用左列的咒法吧！

意志五角形咒法

身包白色衣服，祈禱之前，右手緊抓住左手的二根手指頭。

然後，用你的意志力去畫星星的樣子。那麼事情就會照你有利的一方進行。

◆沒有白衣時，可左臂纏白布。

◆畫星星的方法如左圖。

◆行使意志力的時候，要有強烈的成功欲望，一定要袪除邪念。

典笈出處

●又稱爲「星的意志」或「意志五角形」。

●起源不詳，也許是東洋傳來的東西，經過西洋的占星師演變成這種形式。

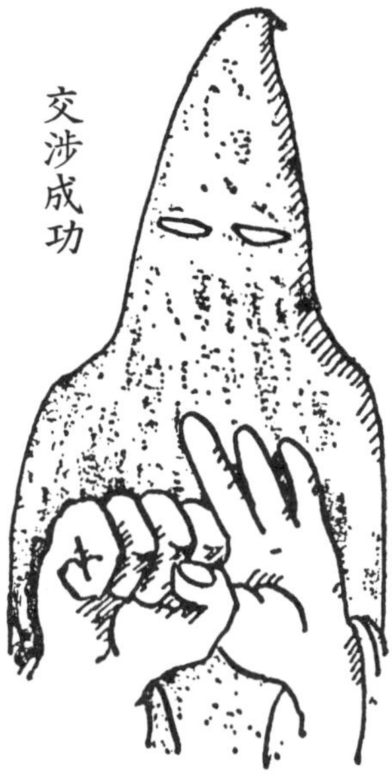

交涉成功

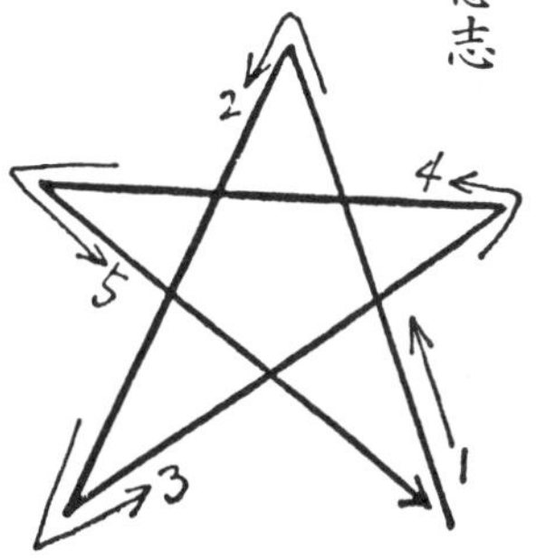

星星的意志

不需要費很大氣力的交涉。和多少會令你緊張的對手晤面時也可以實驗這個咒法。

和其交談時順不順利，就可以充分明白結果了。

你會了解到一種精神安定感，而且可以在自由立場充分發揮的充實感。

還有，在對方面前，不須使用手，在心裏面想，就能有效果。

所謂意志力會傳給對方，兩者之間產生共鳴，送去意志力的人握有主導權。

（註：在有月光的晚上使用，效果更好。）

第九章　解除咒語的法術

●法術所具備的恐怖效果，到此已了解相當透澈了吧！或者已經試驗過其中一種，甚至很有心得了呢！

因爲效果太強，恐怖的同時，也會發生一些失誤吧……。

你考慮的一點兒也沒錯。

（這樣有效果的法術，如果自己也被施法的話……。）

你突然背脊一陣冰涼，不免想想自己四周的情形。

現在自己的同事或屬下、上司，也許已經對你下了咒。

回想今天一整天，每個小時的情形：

爲什麼要對素不相識的人，只因爲碰一下

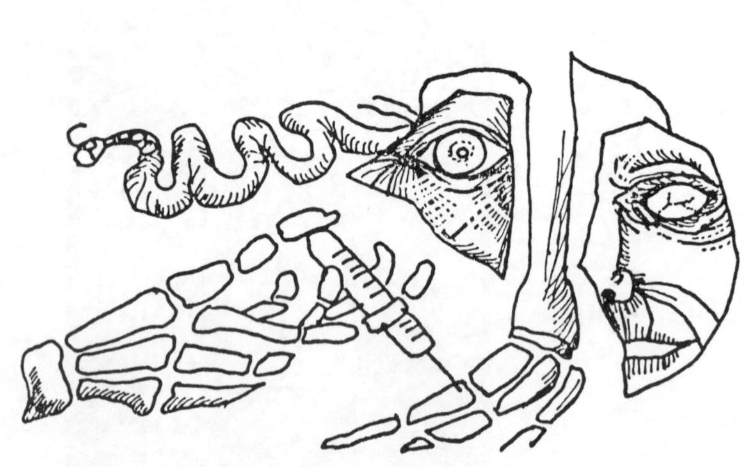

你肩膀，便對他惡言相向，也許他正恨著我也說不定。

自覺分手分得了無遺憾的戀人，也許正對你下咒語。

一定有人正把你的升官或幸福當作他的目標，這麼說的話，難怪最近老覺得身體不舒服……。

法術、咒語……。

該怎麼辦？怎麼逃出這些咒語呢？

●這一章就是教你袪除這些不安。

這裏所提到的是一些解咒的方法，如果，你知道被人詛咒了，就趕快利用解咒法逃脫，這種就叫做解咒的法術。

如果你認為可能被女性下了咒，就用最有效的解咒法解咒，就沒事了——

如果，咒法是含混籠統的，就用「銀聖劍解咒法」。

法術對施的人來說，是善；但對被施的人來說，那就是惡了。所以，在施法之前，請你千萬考慮你使用法術的理由，夠不夠充分？只要在對方是罪有應得的情況下，才施行咒法。

再重申一次，使用法術請當心。

你也可能被人下咒?!

解除不祥的咒法

如果你的幸福遭到別人的嫉妒，招致他人的怨恨時，立刻去摸樹。

嫉妒、怨恨就不會降臨到你身上。

◆只要是樹都可以。

典笈出處

●爲什麼要摸樹？得溯流到羅馬時代。原本是要逃避邪惡的目光用的。

羅馬時代，咒法是不被允許的，但此種說法是可疑的，爲什麼呢？因爲羅馬皇帝有一個專門觀察星象的官吏。

帝政羅馬的第一代皇帝阿烏庫斯朶斯是位名帝，他也是靠法術來掌管政治的。

哲人皇帝阿魯克斯（一六一～一八〇年在位），他殺了妻子的外遇對象，而且使用法術讓紅杏出牆的妻子回心轉意，是衆所皆知的事。

他把對手殺了，將他的血塗在妻子身上。

在這樣的羅馬社會裏，爲了避免招嫉、招怨，摸樹是最好的方法。

火和十字的咒法

如果你想自惡毒的法術中脫逃，利用鹽水撒向火中，高唱「撒旦離開」三遍。同時劃個十字。

惡眼咒法的威力，剎那間已從你身心離去了。

◆鹽水裏面的鹽和水要等量。

◆投到火裏面三次，每一次都要唸咒語及劃十字。

典笈出處

●惡眼對十字及鹽巴，就會失去威力。

惡眼的威力，在現歐洲各地還時有所聞。

在瑞士的山岳地帶，據說還有年輕男子因爲被惡眼瞪及，竟然發生雞姦之事。（事實上，有人認爲，在牧羊者當中，發生這種雞姦行爲的人多的是，但也是因爲牧羊者遠離村落，缺少女性一起生活佔大多數日子，才會如此的吧！）

這名男子的朋友，想改掉這種怪癖，於是使用自古以來即有的「鹽和火的護法」法術，從此以後，再也沒聽說發生雞姦這種事了。

祛除咒語法

如果被女性詛咒，用木頭做男性的陰莖，到山頂，一邊高喊「拿去吧」一邊往下丟棄。

咒語就會消失了。

◆木陰莖如下圖所示。

◆山，不一定要高山峻嶺，普通的小山丘即可。

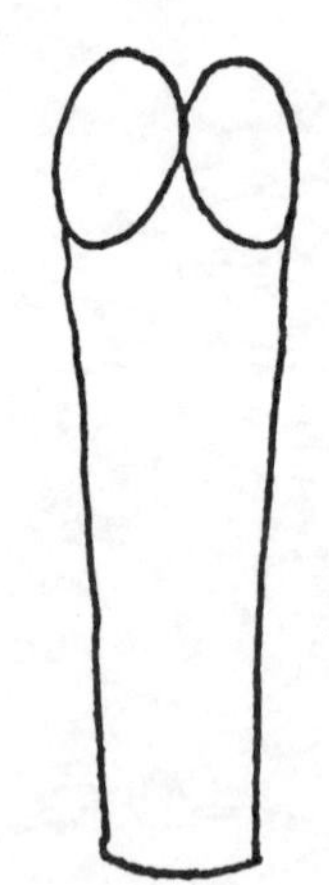

典笈出處

●女性潛在的魔性，這和魔女的存在有密不可分的關係。

●召開魔女集會時，魔女會使用人造陰莖，找她的性慾，因爲惡魔的陰莖又冰又小，魔女不喜歡和其性交。

●又稱爲「陰莖的咒法」的這個法術，有平息女性怒氣的功用。

破除女性的詛咒

在澳洲，有個名叫烏拉的男子，被曾經訂過婚的另一半詛咒，以致於和現在的妻子之間不和諧。

解除婚約的原因在新婚沒多久，便被以前的未婚妻寄來二、三封信，詛咒他的幸福生活，他和某位咒術研究家談過之後，教給他這個法術。

（前未婚妻寫來的信中表示，二個人的關係到現在還是維持著之類的話。）

護法發生功用，從此之後，討厭的信也沒有再來，不久，那位女子便移往東部去了。

排惡的聖咒

如果你受到惡靈誘惑之苦，常常把聖經和十字架帶在身上。惡靈絕對不敢靠近你。

◆如果沒有十字架，只做個十字，也是有效的。

◆最好是用銀製的十字架。

典笈出處

●這無須做太多說明。聖經是神的教誨，文字裏自然有神聖力量。

●把聖經帶在身上，是具有合法性的。

聖經創世紀篇記載，我們住的這個世界，是依神的話開始的。語言，是沒有任何記號的，那裏面包含了記號以上的東西。

聖經裏的文句被認爲有防魔的力量，這並不只是基督教徒才這麼想，世界上所有的宗教都有此共通現象。

十字架雖然只是二根棒子交叉，但是其中也是具備了很深的象徵意義。

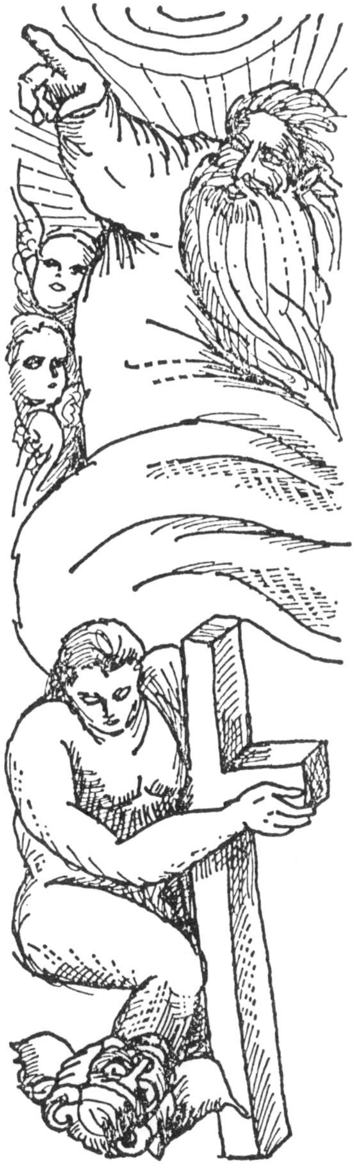

惡靈無法靠近

除魔法術

如果要避免家中不幸，可以用繩子將蒜頭串起，掛在家中牆壁上。不幸會避開你家往別處去。

◆掛繩子時，要領如左。

典笈出處

●在歐洲各地常見的風俗習慣，吸血鬼和惡魔都很討厭蒜頭。

只要去歐洲的鄉下地方，到處可見人家將蒜頭掛在牆壁上。

都市裏雖然無此盛況，但相同的他們也用塑膠蒜頭或洋葱模型串起，掛在壁上。

這雖然不諱言有裝飾作用，但從歷史的觀點看來，這是一種避邪的方法。

還有關於這片土地上古老的傳說：被詛咒的人，身上如果掛了蒜頭，以後就不會發生不幸，有一次，偶爾沒帶在身上，當天黃昏就被人發現脖子有二處傷口，人已經死了。

三個四不像咒法

你如果想驅趕不安的情緒及危險，早上起床還沒下床時，高喊「四不像吃！四不像吃！四不像吃！」咒語就會失去其效力，不好的事都被吃掉了。

◆咒語一定要在沒下床之前，高唱三遍。

典笈出處

●這個咒文是從中國傳來的。

●所謂四不像，就是指有熊的身體、牛的尾巴、犀牛的眼睛、象的鼻子（想像中）的動物，據說牠都吃惡夢。

在中國，四不像是吃惡夢的動物，西歐化後的法術，給予牠有避免危險的效果。

（這個法術，是從一位具法國籍的中國人聽來的。

根據她說，這個法術在早上，尤其太陽還沒有出來時，唸效果最好。

要避免HUKA（前一四六頁）似的突發性危險時，雖不能使用，但是，這個法術可以使咒語回到施咒者處。

聽這位女子說，這是她的親身經驗）。

菩提樹的秘術

如果你被人施咒，站在菩提樹下，高唸三遍「PARUPE・NAMUDO・SARIKU」，咒語就消失了。

◆咒文要專心的唸，不要讓任何人聽見。

◆要一氣呵成。

◆早上最適合。

典笈出處

●法國有位超自然研究家說，菩提樹的果實含有使理性發達的物質。

●咒法出於何處不明。

咒文的意思雖不太清楚，有人認為是幾個惡魔的名字集合而成的。

例如，PARUPE，Valefor，Beleth就是Valbe。

Valefor 是個有好幾個頭的、神秘出沒的惡魔。

Beleth是個更恐怖的惡魔。

不論何處都一樣，在法術的世界裏，也是以惡制惡為原則。這個法術大概就是以此發展來的。

這個法術用在不知道被下咒的情況，有預防的功用。

咒語遠離

銀聖劍的解咒

如果你由於惡魔的協助，而被詛咒時，作一把銀色的聖劍，把積了你怨氣的人形，用劍刺進去。惡魔就會回到原來的地方。

◆銀聖劍以銀製的最好，不然貼銀紙的劍也可以。

◆人形的頭及左胸，畫上×記號，在那兒將劍刺下。

◆人形用羊皮紙或動物的皮來做最理想。

◆人形放進一個木製的小棺材，深埋在地底下，棺材要用蠟封死，並用鍊子作個十字型，別忘了。

典笈出處

●古代魔女驅除埋葬吸血鬼的方法，就是這法術的原型。

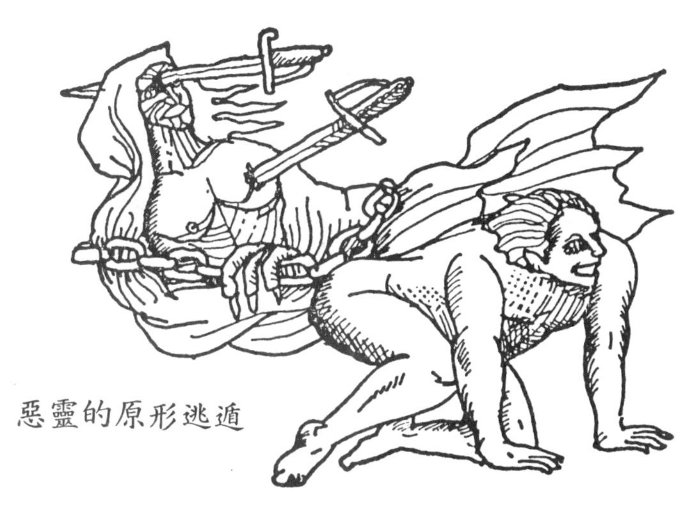

惡靈的原形逃遁

這是十九世紀半瑞典的一個故事。有位名叫阿迪遜的農夫被咒語上身，誰下的咒並不清楚，只是某個夏夜，突然變成動物，四處觸摸，四肢著地走路。

那個地方的法師（說是如此，但並不是專職法師，只是當地的老農民）便利用這個法術幫助他。

劍，就用銀製的小刀尖。

星期五的晚上（那是農夫變成動物的第三天）開始作法，阿迪遜便沉沉睡去。

隔天早上他就恢復正常了。

（對於這三天，他完全沒有記憶。）

大展出版社有限公司 品 冠 文 化 出 版 社	圖書目錄
地址：台北市北投區（石牌） 致遠一路二段 12 巷 1 號 郵撥：01669551＜大展＞ 19346241＜品冠＞	電話：(02) 28236031 28236033 28233123 傳真：(02) 28272069

・熱 門 新 知・品冠編號 67

1.	圖解基因與 DNA		中原英臣主編	230 元
2.	圖解人體的神奇	（精）	米山公啟主編	230 元
3.	圖解腦與心的構造	（精）	永田和哉主編	230 元
4.	圖解科學的神奇	（精）	鳥海光弘主編	230 元
5.	圖解數學的神奇	（精）	柳 谷 晃著	250 元
6.	圖解基因操作	（精）	海老原充主編	230 元
7.	圖解後基因組	（精）	才園哲人著	230 元
8.	圖解再生醫療的構造與未來		才園哲人著	230 元
9.	圖解保護身體的免疫構造		才園哲人著	230 元
10.	90 分鐘了解尖端技術的結構		志村幸雄著	280 元
11.	人體解剖學歌訣		張元生主編	200 元
12.	醫院臨床中西用藥		杜光主編	550 元
13.	現代醫師實用手冊		周有利主編	400 元
14.	骨科手術進路歌訣		張元生主編	220 元
15.	動物解剖原色圖譜		王會香主編	250 元

・圍 棋 輕 鬆 學・品冠編號 68

1.	圍棋六日通	李曉佳編著	160 元
3.	定石的運用	吳玉林等編著	280 元
4.	死活的要點	吳玉林等編著	250 元
5.	中盤的妙手	吳玉林等編著	300 元
6.	收官的技巧	吳玉林等編著	250 元
7.	中國名手名局賞析	沙舟編著	300 元
8.	日韓名手名局賞析	沙舟編著	330 元
9.	圍棋石室藏機	劉乾勝等著	250 元
10.	圍棋不傳之道	劉乾勝等著	250 元
11.	圍棋出藍秘譜	劉乾勝等著	250 元
12.	圍棋敲山震虎	劉乾勝等著	280 元
13.	圍棋送佛歸殿	劉乾勝等著	280 元
14.	無師自通學圍棋	劉駱生著	280 元
15.	圍棋手筋入門	馬自正編著	250 元
16.	妙談圍棋搏殺	馬世軍編著	300 元

17. 圍棋棋力快速提高—從入門到業餘初段　馬自正編著　380 元
18. 圍棋棋力快速提高—從業餘初段到業餘 3 段　馬自正編著　300 元

・象棋輕鬆學・品冠編號 69

1. 象棋開局精要　方長勤審校　280 元
2. 象棋中局薈萃　言穆江著　280 元
3. 象棋殘局精粹　黃大昌著　280 元
4. 象棋精巧短局　石鏞、石煉編著　280 元
5. 象棋基本殺法　朱寶位編著　230 元
6. 象棋實戰短局制勝殺勢　傅寶勝主編　450 元
7. 象棋實戰技法　傅寶勝編著　500 元
8. 象棋升級訓練 初級篇　傅寶勝編著　230 元
9. 象棋升級訓練 中級篇　傅寶勝編著　230 元
10. 象棋升級訓練 高級篇　傅寶勝編著　230 元
11. 象棋升級訓練 棋士篇　傅寶勝編著　230 元

・智力運動・品冠編號 691

1. 怎樣下國際跳棋　楊永編著　220 元
2. 國際跳棋攻殺練習　楊永編著　250 元
3. 圍棋知識　程曉流編著　180 元
4. 象棋知識　楊柏偉編著　200 元
5. 橋牌知識　周飛衛編著　180 元
6. 西洋棋知識　林峰編著　180 元
7. 五子棋知識　仇慶生編著　180 元
8. 田棋　吳國勝著　220 元

・棋藝學堂・品冠編號 692

1. 兒少圍棋 啟蒙篇　傅寶勝編著　180 元
2. 兒少圍棋 提高篇　傅寶勝編著　220 元
3. 兒少圍棋 比賽篇　傅寶勝編著　180 元
4. 兒少象棋 啟蒙篇　傅寶勝編著　180 元
5. 兒少象棋 提高篇　傅寶勝編著　180 元
6. 兒少象棋 比賽篇　傅寶勝編著　180 元

・鑑賞系列・品冠編號 70

1. 雅石鑑賞與收藏　沈泓著　680 元
2. 印石鑑賞與收藏　沈泓著　680 元
3. 玉石鑑賞與收藏　沈泓著　680 元
4. 瓷器鑑賞與收藏　沈泓著　800 元
5. 古典傢具鑑賞與收藏　沈泓著　680 元

6. 錢幣鑑賞與收藏 吳雄勝著 600 元
7. 翡翠鑑賞與收藏 沈泓著 550 元
8. 玉器鑑賞與收藏 傅慧娟編著 600 元
9. 古陶瓷鑑賞與收藏 王丹丹編著 650 元
10. 古銅鏡鑑賞與收藏 郝顏飛編著 500 元
11. 古玉六百問 竇廣利編著 680 元
12. 中國刺繡緙絲鑑賞與收藏 肖堯著 680 元
13. 嫩江水沖瑪瑙鑑賞與收藏 馮善良編著 680 元

·藝術大觀·品冠編號 701

1. 中國樹石盆景藝術 林鴻鑫等著 550 元
2. 中國山水盆景藝術 陳智之等著 500 元

·休閒生活·品冠編號 71

1. 家庭養蘭年年開 殷華林編著 300 元
2. 盆栽培養與欣賞 廖啟欣編著 220 元
3. 盆景形式美與造型 蕭遣編著 280 元
4. 樹木盆景製作技法 吳詩華編著 300 元
5. 山水盆景製作技法 仲濟南編著 280 元
6. 根雕製作技法 汪傳龍編著 320 元
7. 君子蘭栽培實用技法 岳粹純編著 300 元
8. 錦鯉養殖實用技法 占家智編著 280 元
9. 盆栽花卉栽培與裝飾 李真編著 450 元

·女醫師系列·品冠編號 62

1. 子宮內膜症 國府田清子著 200 元
2. 子宮肌瘤 黑島淳子著 200 元
3. 上班女性的壓力症候群 池下育子著 200 元
4. 漏尿、尿失禁 中田真木著 200 元
5. 高齡生產 大鷹美子著 200 元
6. 子宮癌 上坊敏子著 200 元
7. 避孕 早乙女智子著 200 元
8. 不孕症 中村春根著 200 元
9. 生理痛與生理不順 堀口雅子著 200 元
10. 更年期 野末悅子著 200 元

·傳統民俗療法·品冠編號 63

2. 神奇拍打療法 安在峰著 200 元
3. 神奇拔罐療法 安在峰著 200 元
4. 神奇艾灸療法 安在峰著 200 元

5. 神奇貼敷療法　安在峰著　200 元
6. 神奇薰洗療法　安在峰著　200 元
7. 神奇耳穴療法　安在峰著　200 元
8. 神奇指針療法　安在峰著　200 元
9. 神奇藥酒療法　安在峰著　200 元
10. 神奇藥茶療法　安在峰著　200 元
11. 神奇推拿療法　張貴荷著　200 元
12. 神奇止痛療法　漆 浩 著　200 元
13. 神奇天然藥食物療法　李琳編著　200 元
14. 神奇新穴療法　吳德華編著　200 元
15. 神奇小針刀療法　韋丹主編　200 元
16. 神奇刮痧療法　童佼寅主編　200 元
17. 神奇氣功療法　陳坤編著　200 元

・常見病藥膳調養叢書・品冠編號 631

1. 脂肪肝四季飲食　蕭守貴著　200 元
2. 高血壓四季飲食　秦玖剛著　200 元
3. 慢性腎炎四季飲食　魏從強著　200 元
4. 高脂血症四季飲食　薛輝著　200 元
5. 慢性胃炎四季飲食　馬秉祥著　200 元
6. 糖尿病四季飲食　王耀獻著　200 元
7. 癌症四季飲食　李忠著　200 元
8. 痛風四季飲食　魯焰主編　200 元
9. 肝炎四季飲食　王虹等著　200 元
10. 肥胖症四季飲食　李偉等著　200 元
11. 膽囊炎、膽石症四季飲食　謝春娥著　200 元

・壽 世 養 生・品冠編號 632

(1~9 電腦編號為 6401+序號)

1. 催眠與催眠療法　余萍客　350 元
2. 實驗長命法　胡嘉英等著　200 元
3. 男女養生術　吳履吉著　220 元
4. 回春養生術　陸明編著　220 元
5. 道家氣功健康法　陸明選輯　230 元
6. 仙道氣功法及應用　陸明編著　250 元
7. 氣功健康保養　陳景霖編著　250 元
8. 借力健康秘訣　劉昊廷編著　230 元
9. 仙道運氣健康法　呂奕群編著　230 元
10. 身心調和法 心身鍛鍊法　劉仁航編著　180 元
11. 氣功藥餌療法與救治偏差手術　周潛川編著　300 元
12. 內經知要述義　周潛川編著　240 元
13. 仙道冥想法　鐘文訓編著　220 元
14. 仙道長生不老學　陸明編著　230 元

15. 念術養生入門 黃靖香編譯 220 元
16. 仙道帝王招財術 賴郁珊編譯 200 元
17. 導引術之不老回春法 陳成玉編譯 200 元
18. 導引術之身心健康法 陳成玉編譯 220 元
19. 導引術之治病・美容 陳成玉編譯 260 元
20. 仙道術遁甲法 吳奕群編譯 220 元
21. 仙道鍊金術房中法 賴郁珊編譯 200 元
22. 內功與房中術 龍傑編著 250 元
23. 仙人成仙術 陸明軒編譯 200 元

・彩色圖解保健・品冠編號 64

1. 瘦身 主婦之友社 300 元
2. 腰痛 主婦之友社 300 元
3. 肩膀痠痛 主婦之友社 300 元
4. 腰、膝、腳的疼痛 主婦之友社 300 元
5. 壓力、精神疲勞 主婦之友社 300 元
6. 眼睛疲勞、視力減退 主婦之友社 300 元

・休閒保健叢書・品冠編號 641

1. 瘦身保健按摩術 聞慶漢主編 200 元
2. 顏面美容保健按摩術 聞慶漢主編 200 元
3. 足部保健按摩術 聞慶漢主編 200 元
4. 養生保健按摩術 聞慶漢主編 280 元
5. 頭部穴道保健術 柯富陽主編 180 元
6. 健身醫療運動處方 鄭寶田主編 230 元
7. 實用美容美體點穴術＋VCD 李芬莉主編 350 元
8. 中外保健按摩技法全集＋VCD 任全主編 550 元
9. 中醫三補養生 劉健主編 300 元
10. 運動創傷康復診療 任玉衡主編 550 元
11. 養生抗衰老指南 馬永興主編 350 元
12. 創傷骨折救護與康復 鍾杏梅主編 220 元
13. 百病全息按摩療法＋VCD 王富春主編 500 元
14. 拔罐排毒一身輕＋VCD 許麗編著 330 元
15. 圖解針灸美容＋VCD 王富春主編 350 元
16. 圖解針灸減肥＋VCD 王富春主編 350 元
17. 圖解推拿防治百病（附 VCD） 呂明主編 350 元
18. 辨舌診病速成 周幸來主編 330 元
19. 望甲診病速成 周幸來主編 300 元
20. 現代女性養生 劉青主編 250 元
21. 現代男性養生 劉青主編 230 元
22. 每天 3 分鐘永保安康 余茂基編著 230 元
23. 中醫脊柱養生術－吳式正椎法 吳茂文編著 230 元

24. 快速望診 斷健康　周幸來主編　330 元
25. 承門易經筋推拿療法（附 VCD）　王占偉主編　300 元
26. 針灸特效穴圖解　余平波編著　300 元
27. 按摩特效穴速成（附 VCD）　余平波編著　280 元
28. 養生保健穴速成（附 VCD）　王穎主編　280 元
29. ３１２經絡鍛鍊法治病實例（附 VCD）　祝總驤主編　250 元
30. 拍打永保安康　余平波編著　220 元
31. 承門易經筋微火針療法　王占偉主編　400 元

・名醫與您・品冠編號 6501

1. 高血壓、高血脂　項志敏編著　220 元
2. 糖尿病　杭建梅　220 元
3. 心臟病　于全俊編著　220 元
4. 腎臟病　趙硯池編著　220 元
5. 肝病　金瑞編著　220 元
6. 骨科病　張春雨編著　220 元

・健康新視野・品冠編號 651

1. 怎樣讓孩子遠離意外傷害　高溥超等主編　230 元
2. 使孩子聰明的鹼性食品　高溥超等主編　230 元
3. 食物中的降糖藥　高溥超等主編　230 元
4. 開車族健康要訣　高溥超等主編　230 元
5. 國外流行瘦身法　高溥超等主編　230 元

・武當道教醫藥・品冠編號 652

1. 武當道醫內科臨證靈方妙法　尚儒彪著　380 元
2. 武當道醫外科臨證靈方妙法　尚儒彪著　300 元
3. 武當道醫婦科臨證靈方妙法　尚儒彪著　350 元
4. 武當道醫男科臨證靈方妙法　尚儒彪著　300 元
5. 武當道醫傷科臨證靈方妙法　尚儒彪著　300 元

・少 年 偵 探・品冠編號 66

1. 怪盜二十面相　（精）　江戶川亂步著　特價 189 元
2. 少年偵探團　（精）　江戶川亂步著　特價 189 元
3. 妖怪博士　（精）　江戶川亂步著　特價 189 元
4. 大金塊　（精）　江戶川亂步著　特價 230 元
5. 青銅魔人　（精）　江戶川亂步著　特價 230 元
6. 地底魔術王　（精）　江戶川亂步著　特價 230 元
7. 透明怪人　（精）　江戶川亂步著　特價 230 元
8. 怪人四十面相　（精）　江戶川亂步著　特價 230 元

9. 宇宙怪人 （精） 江戶川亂步著 特價 230 元
10. 恐怖的鐵塔王國 （精） 江戶川亂步著 特價 230 元
11. 灰色巨人 （精） 江戶川亂步著 特價 230 元
12. 海底魔術師 （精） 江戶川亂步著 特價 230 元
13. 黃金豹 （精） 江戶川亂步著 特價 230 元
14. 魔法博士 （精） 江戶川亂步著 特價 230 元
15. 馬戲怪人 （精） 江戶川亂步著 特價 230 元
16. 魔人銅鑼 （精） 江戶川亂步著 特價 230 元
17. 魔法人偶 （精） 江戶川亂步著 特價 230 元
18. 奇面城的秘密 （精） 江戶川亂步著 特價 230 元
19. 夜光人 （精） 江戶川亂步著 特價 230 元
20. 塔上的魔術師 （精） 江戶川亂步著 特價 230 元
21. 鐵人Q （精） 江戶川亂步著 特價 230 元
22. 假面恐怖王 （精） 江戶川亂步著 特價 230 元
23. 電人M （精） 江戶川亂步著 特價 230 元
24. 二十面相的詛咒 （精） 江戶川亂步著 特價 230 元
25. 飛天二十面相 （精） 江戶川亂步著 特價 230 元
26. 黃金怪獸 （精） 江戶川亂步著 特價 230 元

·名人選輯·品冠編號 671

1. 佛洛伊德 傅陽主編 200 元
2. 莎士比亞 傅陽主編 200 元
3. 蘇格拉底 傅陽主編 200 元
4. 盧梭 傅陽主編 200 元
5. 歌德 傅陽主編 200 元
6. 培根 傅陽主編 200 元
7. 但丁 傅陽主編 200 元
8. 西蒙波娃 傅陽主編 200 元

·武學釋典·大展編號 A1

1. 顧留馨太極拳研究 顧留馨著 380 元
2. 太極密碼 中國太極拳百題解 余功保著 200 元
3. 太極拳今論 薛蔚昌著 200 元
4. 意拳正軌 劉正編纂 330 元
5. 二十四式太極拳技擊含義闡釋 王鋒朝著 200 元
6. 汪永泉授楊式太極拳語錄及拳照 劉金印整理 200 元
7. 太極拳的力學原理 蕭飛著 200 元
8. 太極拳理論之源《易經》通俗解 于志鈞著 280 元
9. 太極拳理傳真 張義敬著 400 元
10. 太極拳行功心解詳解 蘇峰珍著 240 元
11. 內家拳武術探微 蘇峰珍著 450 元
12. 拳道述真 李玉栓編著 220 元

13. 懂勁 內家拳的瑰寶　黃逸武著　220 元
14. 走進王薌齋－解析大成拳　李榮玉著　280 元
15. 太極拳經論透視　蘇峰珍著　220 元
16. 太極密碼（2）太極拳心法體悟　余功保著　200 元
17. 太極密碼（3）太極拳勢通解　余功保著　200 元
18. 太極密碼（4）太極十三經心解　余功保著　250 元
19. 太極密碼（5）太極拳經典拳勢悟解　余功保著　300 元
20. 懂勁之後 內家勁的修煉（附 DVD）　黃逸武著　350 元
21. 妙諦傳心 太極拳經秘譜匯宗　何欣委編著　350 元

・楊式太極拳・大展編號 A2

1. 楊式太極拳大架與養生（附 DVD）　孫德明傳授　330 元
2. 楊式太極拳中架與內功（附 DVD）　孫德明傳授　330 元
3. 楊式太極拳小架與技擊（附 DVD）　孫德明傳授　300 元
4. 楊式內傳太極拳 108 式（附 DVD）　張漢文編著　330 元
5. 楊式內傳太極拳家手（附 DVD）　張漢文編著　350 元
6. 楊健侯太極拳真傳（附 DVD）　胡學智著　330 元
7. 楊班侯太極拳真傳（附 DVD）　賈治祥著　420 元
8. 楊式內傳太極拳 小快式　張漢文編著　380 元

・陳式太極拳・大展編號 A3

1. 陳鑫太極拳法圖解（附 DVD）　陳東山著　350 元
2. 傳統太極拳（附 DVD）　朱寶珍著　300 元
3. 陳式太極拳老架一路入門圖解七十四式（附 DVD）　張富香著　330 元

・孫式太極拳・大展編號 A4

1. 孫氏三十六手太極拳 115 式（附 DVD）　尤志心主編　500 元
2. 孫式太極拳拳架分析　張大輝編著　220 元
3. 孫祿堂武學論語　孫玉奎等編著　230 元

・吳式太極拳・大展編號 A5

1. 太極拳授課實錄（附 DVD）　趙琴著　400 元
2. 王培生太極拳體用解　張耀忠編著　240 元

・武式太極拳・大展編號 A6

1. 武式太極拳三十七式　翟維傳著　200 元
2. 武式太極拳老架　翟維傳著　200 元
3. 武式太極拳小架　翟維傳著　200 元

歡迎至本公司購買書籍

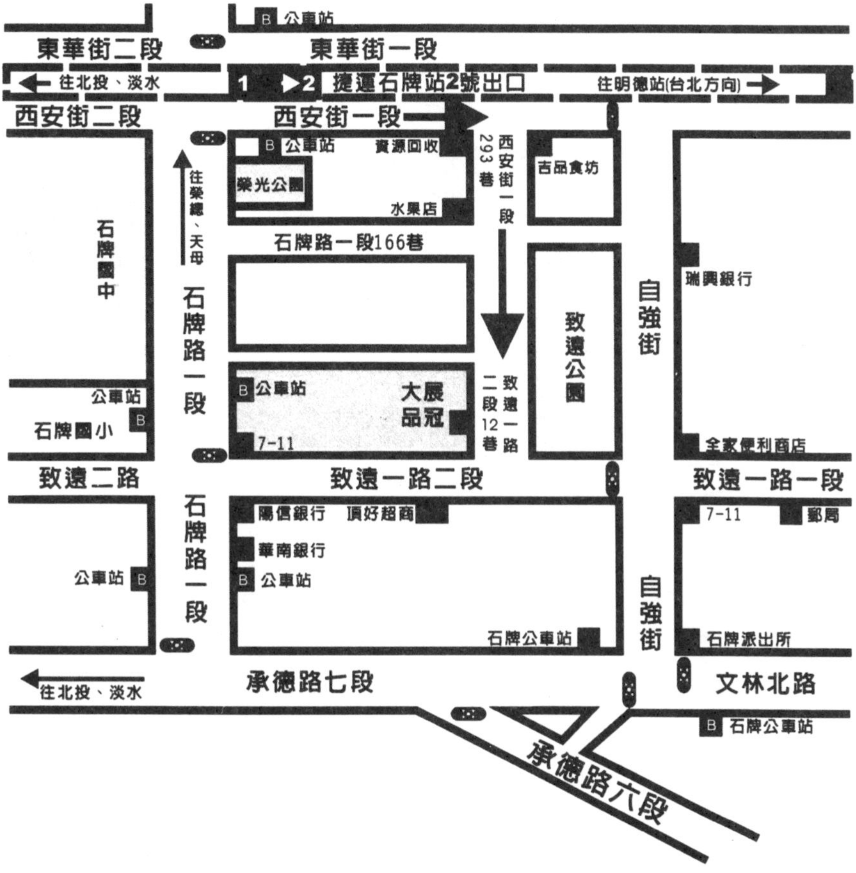

B 公車站
東華街二段
東華街一段
往北投、淡水
1 2 捷運石牌站2號出口
往明德站(台北方向)
西安街二段
西安街一段
B 公車站
資源回收
西安街一段293巷
榮光公園
吉品食坊
水果店
往榮總、天母
石牌國中
石牌路一段166巷
瑞興銀行
自強街
致遠公園
石牌路一段
公車站
B 公車站
大展品冠
致遠一路二段12巷
石牌國小
7-11
全家便利商店
致遠二路
致遠一路二段
致遠一路一段
陽信銀行
頂好超商
7-11
郵局
華南銀行
石牌路一段
公車站
B 公車站
自強街
石牌公車站
石牌派出所
往北投、淡水
承德路七段
文林北路
B 石牌公車站
承德路六段

建議路線

1.搭乘捷運・公車

淡水線石牌站下車，由石牌捷運站２號出口出站(出站後靠右邊)，沿著捷運高架往台北方向走(往明德站方向)，其街名為西安街，約走100公尺(勿超過紅綠燈)，由西安街一段293巷進來(巷口有一公車站牌，站名為自強街口)，本公司位於致遠公園對面。搭公車者請於石牌站(石牌派出所)下車，走進自強街，遇致遠路口左轉，右手邊第一條巷子即為本社位置。

2.自行開車或騎車

由承德路接石牌路，看到陽信銀行右轉，此條即為致遠一路二段，在遇到自強街(紅綠燈)前的巷子(致遠公園)左轉，即可看到本公司招牌。

國家圖書館出版品預行編目資料

西洋惡魔咒術／杜美芳 編譯
——初版，——臺北市，大展，2015.10［民 104.10］
面；21 公分—（宗教・數術；1）
ISBN 978-986-346-090-9（平裝）
1.符咒
295.5 104017451

西洋惡魔咒術

編 譯 者／杜 美 芳
責任編輯／朱 明 慧
發 行 人／蔡 森 明
出 版 者／大展出版社有限公司
社 址／臺北市北投區（石牌）致遠一路 2 段 12 巷 1 號
電 話／（02）28236031，28236033，28233123
傳 真／（02）28272069
郵政劃撥／01669551
網 址／www.dah-jaan.com.tw
E-mail／service@dah-jaan.com.tw
登 記 證／局版臺業字第 2171 號
承 印 者／傳興印刷有限公司
裝 訂／佳昇興業有限公司
排 版 者／千兵企業有限公司
初版 1 刷／2015 年（民 104）10月
初版 3 刷／2022 年（民 111）11月 定價／300 元

大展好書　好書大展

品嘗好書　冠群可期

大展好書　好書大展
品嘗好書　冠群可期